N’AYEZ PAS PEUR !

Stanislas Dziwisz
Vincenzo Paglia – Angelo Comastri

N'AYEZ PAS PEUR !

Jean-Paul II
Le début du pontificat

P*arole et* **S***ilence*

ISBN 978-2-84573-855-3

N’ayez pas peur !

Elio GUERRIERO

Il y a trente ans, lorsque Karol Wojtyla fut élu pape, l'Église catholique ne vivait pas une période favorable. L'année précédente, en 1977, l'historien français Jean Delumeau avait publié un livre dont le titre *Le christianisme va-t-il mourir ?* ne semblait pas laisser d'issue. Le célèbre érudit pensait qu'en France, comme en Europe et dans le monde, les chrétiens étaient destinés à constituer de petits groupes certes davantage convaincus de leur foi, mais isolés et désormais sans influence sur la scène du monde. Ce qui paraissait incontestable, c'était le triomphe du capitalisme areligieux et la prédominance du marxisme hostile à la religion, qui gouvernait les pays de l'Est. En Occident il conservait une présence solide dans les partis de gauche et une attraction durable sur les jeunes. L'Église elle-même, qui s'était réunie en concile dans les années soixante et qui avait engagé avec Paul VI (1963-1978) une vigoureuse œuvre de réforme, était traversée par une crise – baisse de la fréquentation des pratiques religieuses, diminution des vocations sacerdotales et religieuses – qui semblait confirmer la prévision de son rapide déclin. Dans ce contexte, le nouveau pape interpella le monde : *N'ayez pas peur !* Cela aurait pu être le cri d'un homme qui ne perçoit pas ce qui se passe autour de lui. Entre-temps, les événements ont révélé que c'était l'expression d'un homme qui, comme il le confirma dans sa première encyclique, plaçait sa foi en Jésus Christ. Le cri de Jean-Paul II n'était toutefois pas une façon de se réfugier dans la mystique, d'exprimer en quelque sorte une espérance contre toute espérance. Il exprimait un acte de foi dans le « Rédempteur de l'homme » et s'accompagnait de la conviction que la foi apporte des lumières de rationalité pour lire en profondeur les signes des temps et ainsi cerner au mieux les exigences de la société afin de proposer des réponses et des solutions.

Originaire de Pologne, nation fidèle au catholicisme, le pape invita avant tout à une nouvelle évangélisation centrée sur la foi en Jésus Christ et sur l'ouverture à la transcendance. Contre le marxisme qui réduisait l'espace de l'homme exclusivement à la période de sa vie terrestre, le pape était plus que jamais convaincu qu'il fallait soutenir une anthropologie théologique, une vie dilatée vers l'éternité. En ceci, il se révélait l'héritier légitime du concile Vatican II et de ses théologiens (de Lubac, Rahner, Ratzinger). Au fond, les quatre constitutions conciliaires sont unies par l'effort de lier le destin de l'homme au destin de Dieu. C'est pourquoi il pouvait soutenir avec force, au siècle de l'athéisme, le besoin de Dieu. En même temps, Jean-Paul II gardait de son passé les traces douloureuses du nazisme et du marxisme, deux mouvements de pensée et d'action qui n'avaient pas hésité à recourir aux armes et à la guerre pour imposer leurs idées.

Le pape se fit alors mendiant de la Paix et, contrairement à l'avis des bien-pensants, n'hésita pas à se rendre sur les lieux des tensions pour éviter des conflits potentiellement de plus en plus dévastateurs. L'attentat dont fut victime le pape au cours des premières années de son pontificat, comme le rapporte le cardinal Dziwisz dans son témoignage, imprima des stigmates sur un corps et encore plus sur un esprit qui ne voulait pas céder et qui de fait n'accepta jamais la banalité de la guerre et de la violence.

L'initiative la plus courageuse est connue sous le nom de « rencontre d'Assise ». Elle demeure chargée de développements qui attendent encore d'être mis en pratique. En peu de temps, rattrapant des décennies durant lesquelles l'Église catholique était restée en retrait du mouvement œcuménique, le pape l'adoptait voire l'étendait avec la proposition d'une alliance des religions. Celle-ci était appelée à attester avec une vigueur renouvelée la présence de Dieu dans un monde qui, avec une conviction toujours plus grande, pensait pouvoir s'en passer; avant tout, il leur était proposé un pacte pour la réalisation et la conservation de la paix. Le pape voyait dans l'humanité une seule et même famille au sein de laquelle œuvrent ses enfants. Certes, nombre d'entre eux peuvent provoquer une guerre, mais nombreux sont aussi ceux qui peuvent prier et agir pour la paix. Parmi eux, les religions sont particulièrement appelées au dialogue et à la coopération. Bien entendu, le pape ne proposait pas un irénisme dépersonnalisant des religions, une confusion des fois et des rites. Comme le précisa alors le cardinal Ratzinger, Assise n'était pas une prière interreligieuse mais multireligieuse. Pendant ce temps, les religions redevenaient des protagonistes sur la scène du monde. Le catholicisme reprenait de la vigueur à partir des mouvements laïques qui redécouvraient les valeurs de l'identité et de la tradition tout en laissant de côté un excès d'indétermination caractéristique d'une mentalité européenne liée à une conception quasi sacrée de la laïcité. Pour Jean-Paul II, au centre de l'agora et de la vie publique, il y a l'homme ouvert à la dimension surnaturelle, et non l'homme laïc qui, pour lui, n'était qu'une abstraction de la pensée. À cet homme, le pape adressait courageusement son exhortation « N'ayez pas peur ! », dont l'écho nous arrive encore, comme une invitation à ne pas céder à la marée globalisante de l'économie et des médias. Dans le nouveau millénaire également, Jésus le Rédempteur est la parole de compréhension donnée par Dieu, la bonne action accomplie par le Père, l'amour généreux déployé par l'Esprit. Telle est la foi inébranlable de Jean-Paul II. Trente ans plus tard, sa figure vigoureuse et sa pensée énergique sont un signe d'espérance pas seulement pour les catholiques.

La surprise du pape polonais

Angelo Comastri

Le XXe siècle, le siècle de l'athéisme de masse

L'historien Andrea Riccardi donne une image précise de la situation du christianisme au siècle dernier. Il observe : « Le XXe siècle s'est ouvert avec une prévision largement partagée des sciences sociales sur l'inévitable déclin du christianisme et des religions. Le progrès de la modernité allait réduire totalement l'espace public des religions et les refouler dans le domaine strictement privé des fidèles peu nombreux. Tel était le destin du christianisme mais également des autres grandes religions, avec l'affirmation du monde moderne, de la connaissance scientifique de l'univers, du subjectivisme et des droits de l'individu. La religion appartenait au passé et n'avait pas sa place dans le monde à venir. Il n'est pas question de discuter cette théorie mais de dire comment elle fut diffusée et prédomina bien au-delà des cercles académiques. Cette pensée a inspiré la culture de plusieurs générations et a souvent soutenu des décisions politiques envers les religions elles-mêmes.

Les mouvements socialiste et communiste ont porté cette vision, en propageant une lecture "scientifique" de la construction de l'avenir social et individuel. Dans le monde dominé par les régimes communistes, la religion a été mise au ban de la société par des procédés autoritaires et par la construction d'un consensus antireligieux de masse. Les États communistes ont représenté l'"athéocratie", avec une position officielle en matière religieuse : l'athéisme d'État. Au point que, en 1967, la petite Albanie communiste se proclama le premier État athée du monde, dans lequel était interdite et sévèrement sanctionnée toute pratique religieuse. Le mouvement communiste a diffusé des positions similaires et les a imposées également en Asie, dans la grande Chine populaire et dans les pays communistes de l'Indochine. Le christianisme et les religions ont disparu de la vie publique et de la pratique de millions de personnes sous la pression de régimes autoritaires : c'était une "libération" qui, selon cette vision, annonçait l'avenir d'une humanité sans foi religieuse[1].

En Occident, la situation n'était guère meilleure. En 1977, l'historien français Jean Delumeau publia un livre au titre significatif, *Le christianisme va-t-il mourir ?*, qui prévoyait un redimensionnement de la présence de l'Église et la naissance d'une religion de « niche », formée de groupes convaincus et réduits. En somme, la fin du christianisme aurait pu engendrer peut-être un nouveau christianisme de minorité rappelant celui de l'Église des premiers siècles. À ce propos, la bibliographie est immense. Y avait-il une nouvelle Église aux portes ? Il était difficile de l'imaginer. Mais l'Esprit

1. Elio GUERRIERO et Marco IMPAGLIAZZO, *Storia della Chiesa*, vol. XXVI, Sao Paolo, 206, p. 11.

Saint a pris en main les rênes de l'histoire et a suscité une nouveauté que bien peu de gens pouvaient imaginer. La nouveauté était un homme issu de l'Orient et appelé à être pape en Occident : Jean-Paul II !

« Ouvrez, ouvrez toutes grandes les portes au Christ ! »

Dans l'encyclique *Redemptor hominis*, la première de son pontificat, Jean-Paul II s'exprimait ainsi : « C'est vers le Christ Rédempteur que j'ai élevé mes sentiments et mes pensées le 16 octobre de l'année dernière lorsque, après l'élection canonique, me fut adressée la demande : “Acceptez-vous ?” J'ai alors répondu : “Obéissant, dans la foi, au Christ, mon Seigneur, mettant ma confiance en la Mère du Christ et de l'Église, et malgré les difficultés si grandes, j'accepte.” Cette réponse, je veux la faire connaître publiquement à tous sans aucune exception, montrant ainsi que le ministère, qui est devenu mon devoir spécifique en ce Siège de l'Apôtre Pierre quand j'ai accepté mon élection comme Évêque de Rome et Successeur de cet Apôtre, est lié à la vérité première et fondamentale de l'Incarnation rappelée ci-dessus.

J'ai voulu porter les noms mêmes qu'avait choisis mon très aimé prédécesseur Jean-Paul Ier. Déjà en effet, le 26 août 1978, lorsqu'il déclara au Sacré Collège qu'il voulait s'appeler Jean-Paul – un tel double nom était sans précédent dans l'histoire de la papauté –, j'avais vu là un appel éloquent de la grâce sur le nouveau pontificat. Ce pontificat n'ayant duré qu'à peine trente-trois jours, il m'appartient non seulement de le continuer, mais, d'une certaine manière, de le reprendre au même point de départ. Voilà ce que confirme justement le choix de ces deux noms. En agissant ainsi, suivant l'exemple de mon vénéré prédécesseur, je désire comme lui exprimer mon amour pour l'héritage singulier laissé à l'Église par les pontifes Jean XXIII et Paul VI, et aussi ma disponibilité personnelle à le faire fructifier avec l'aide de Dieu.

Par ces deux noms et ces deux pontificats, je me rattache à toute la tradition du Siège apostolique, avec mes prédécesseurs du XXe siècle et des siècles antérieurs, me reliant toujours plus, à travers les âges et jusqu'aux temps les plus lointains, à cette dimension de la mission et du ministère qui confère au Siège de Pierre une place tout à fait particulière dans l'Église. Jean XXIII et Paul VI constituent une étape à laquelle je désire me référer directement comme à un seuil à partir duquel je veux, en compagnie de Jean-Paul Ier pour ainsi dire, continuer à marcher vers l'avenir, me laissant guider, avec une confiance sans borne, par l'obéissance à l'Esprit que le Christ a promis et envoyé à son Église. »

Et le soir de l'élection à la Chaire de Pierre, le 16 octobre 1978, lorsqu'il s'est montré au balcon central de la basilique de Saint-Pierre, le premier pape non italien depuis presque cinq cents ans a crié d'une voix émue mais ferme : « Que soit loué Jésus Christ ! »

Il y eut un moment d'émotion à travers l'immense foule qui remplissait la place Saint-Pierre. Puis un chœur unanime répondit : « Qu'il soit toujours loué ! »

Ainsi commençait le pontificat de Jean-Paul II : au nom de Jésus Christ, et pour annoncer Jésus Christ, ainsi que pour servir Jésus Christ.

Et il ajouta : « Très chers frères et sœurs, nous sommes encore tous endoloris après la mort de notre très aimé pape Jean-Paul Ier. Et voici que les révérendissimes cardinaux ont appelé un nouvel Évêque de Rome. Ils l'ont appelé depuis un pays lointain, lointain, mais toujours aussi proche par la communion dans la foi et dans la tradition chrétienne.

J'ai eu peur d'accepter cette nomination, mais je l'ai fait dans l'esprit d'obéissance envers Notre Seigneur et dans la confiance totale envers sa Mère la très sainte Vierge.

Même si je ne peux pas bien m'exprimer dans votre… dans notre langue italienne, vous me corrigerez si je fais des erreurs. C'est ainsi que je me présente à vous tous pour confesser notre foi commune, notre espérance, notre confiance dans la Mère du Christ et de l'Église et aussi pour reprendre cette route, cette route de l'histoire et de l'Église, pour la reprendre avec l'aide de Dieu et avec l'aide des hommes. »

Dans les premières paroles du nouveau pape se trouve *en substance* tout le pontificat. De fait, durant la Sainte Messe par laquelle il ouvrit solennellement son pontificat, Jean-Paul II commença par ces mots : « "Tu es le Christ, le Fils du Dieu vivant." Ces paroles ont été prononcées par Simon, fils de Jonas, dans la région de Césarée de Philippe. Oui, il les a exprimées dans sa propre langue, avec une conviction profonde, vécue, sentie ; mais elles ne trouvent pas en lui leur source : "Ce n'est ni la chair ni le sang qui te l'ont révélé, mais mon Père qui est aux cieux." C'étaient là des paroles de foi. Elles signent le début de la mission de Pierre dans l'histoire du salut, dans l'histoire du peuple de Dieu. […]

En ce jour et en ce lieu, il faut que soient de nouveau prononcées et écoutées les mêmes paroles : "Tu es le Christ, le Fils du Dieu vivant." Oui, mes frères et mes fils, avant tout, ces paroles. Leur contenu dévoile à nos yeux le mystère du Dieu vivant, mystère que le Fils a rapproché de nous. Personne, en effet, n'a rapproché des hommes le Dieu vivant, personne ne l'a révélé comme lui seul l'a fait. Dans notre connaissance de Dieu, dans notre chemin vers Dieu, nous sommes totalement liés à la puissance de ces paroles. "Qui me voit, voit aussi le Père." Celui qui est infini, inscrutable, ineffable, s'est rendu proche de nous en Jésus Christ, le Fils unique, né de la Vierge Marie dans l'étable de Bethléem.

Vous tous, qui avez déjà l'inestimable chance de croire, vous tous qui cherchez encore Dieu, et aussi vous qui êtes tourmentés par le doute : veuillez accueillir encore une fois – aujourd'hui et en ce lieu sacré – les paroles prononcées par Simon Pierre. Dans ces paroles, il y a la foi de l'Église. Dans ces mêmes paroles se trouve la nouvelle vérité, voire l'ultime et définitive vérité, sur l'homme : le Fils du Dieu vivant. "Tu es le Christ, le Fils du Dieu vivant !" »

Et il conclut avec cette mémorable invitation qui est restée une devise de tout le pontificat : « Frères et sœurs ! N'ayez pas peur d'accueillir le Christ et d'accepter sa puissance ! Aidez le pape et tous ceux qui veulent servir le Christ et, avec la puissance du Christ, servir l'homme et l'humanité entière ! N'ayez pas peur ! Ouvrez, ouvrez toutes grandes, les portes au Christ ! À sa puissance salvatrice, ouvrez les frontières des États, les systèmes économiques et les systèmes politiques, les vastes champs de culture, de civilisation, de développement. N'ayez pas peur ! Le Christ sait "ce qu'il y a à l'intérieur de l'homme". Seul lui le sait ! »

Jean-Paul II connaissait les portes fermées ; il avait expérimenté la persécution de la foi chrétienne ; il avait vu les portes barricadées des églises et avait senti le frisson missionnaire de Paul qui voulait ouvrir au Christ les routes du monde entier. On comprend son cri : « Ouvrez les portes au Christ ! »

Au siècle de l'athéisme émerge à nouveau un grand besoin de Dieu

Au cours d'Exercices spirituels prêchés au pape Paul VI et à la Curie romaine durant le carême de 1976, Karol Wojtyla – qui était alors cardinal – raconta une touchante expérience personnelle. Il dit : « Je n'oublierai jamais l'impression que m'a laissée un soldat russe en 1945. La guerre était tout juste finie. À la porte du séminaire de Cracovie frappa un militaire. À ma question : "Que veux-tu ?", il répondit qu'il désirait entrer au séminaire. Notre conversation se prolongea longuement. Même s'il n'entra pas au séminaire (il avait du reste des idées assez confuses concernant la réalité du séminaire lui-même), j'appris personnellement, à partir de notre rencontre, une grande vérité : la manière dont Dieu réussit merveilleusement à pénétrer dans l'esprit humain, même dans les conditions extrêmement défavorables de sa négation systématique. Mon interlocuteur, au cours de sa vie adulte, n'était quasiment jamais entré dans une église. À l'école puis au travail, il avait entendu affirmer : "Dieu n'existe pas." Et malgré tout cela, il répétait: "Mais moi, je savais toujours que Dieu existait... Et maintenant je voudrais apprendre quelque chose de Lui..." »

Dans la demande pleine de tristesse de ce jeune, il y avait l'aspiration d'un si grand nombre de jeunes: une aspiration déchirante, une aspiration contrariée, mais qu'on ne peut pas supprimer.

Karol Wojtyla, venant de l'Est européen, connaissait certainement la robuste pensée de Dostoïevski qui, au XIXe siècle, avait sonné l'alarme d'une probable déchristianisation de l'Europe avec tous les risques que comporte un éloignement de la lumière de l'Évangile.

En février 1854, Dostoïevski écrivit une célèbre lettre à Natalie Von Vizine: c'est un document impressionnant, écrit à la main aussitôt après sa libération de prison, reflétant les sentiments de l'ancien déporté. En voici le morceau le plus significatif: « Non pas parce que vous êtes religieuse, mais parce que moi-même je l'ai vécu et éprouvé, je vous dirai que dans de pareils moments [où l'on se rappelle la souffrance passée], on est assoiffé de foi comme "l'herbe desséchée", et on la trouve précisément parce que dans le malheur la vérité devient plus claire. Je vous dirai de moi que je suis un fils du siècle, un fils de l'incroyance et du doute et que (je le sais) je le resterai jusqu'à la tombe. Quelles terribles souffrances m'a coûtées et me coûte encore aujourd'hui cette soif de foi, laquelle est d'autant plus forte dans mon âme que je songe davantage aux arguments contraires. Et toutefois, Dieu m'envoie quelquefois des minutes pendant lesquelles je suis parfaitement serein; dans ces moments, j'aime et me trouve être aimé par les autres, et dans ces minutes j'ai cherché en moi-même le symbole de la foi dans lequel tout m'est cher et sacré. Ce symbole est très simple ; le voici : croire qu'il n'y a rien de plus beau, de plus profond, de plus sympathique, de plus raisonnable, de plus viril et de plus parfait que le Christ [...]. Et cela ne suffit pas ; si l'on me démontrait que le Christ est hors de la vérité et si effectivement il apparaissait que la vérité est hors du Christ, je préférerais rester avec le Christ plutôt qu'avec la vérité. »

Puis en mai 1871, écrivant à Nicolaï Strakhov, Dostoïevski lui confie sa conviction : « En Occident, on a perdu le Christ [...] et pour cela l'Occident décline, exclusivement pour cela. »

Sans le Christ, le monde sombre dans l'obscurité et s'égare dans un marais d'orgueil et d'égoïsme qui dégénère inévitablement en de colossales injustices et en des violences déchirantes : c'est l'histoire récente !

Le grand penseur russe observe encore : « En vérité, sur la terre nous errons un peu au hasard et, si nous n'avions pas devant les yeux la précieuse image du Christ, nous nous égarerions et nous nous perdrions complètement, comme le genre humain avant le Déluge. » Et il ajoute avec une conviction renforcée par l'expérience personnelle : « Toute l'histoire de l'existence humaine consiste en ceci : que l'homme puisse toujours s'incliner devant l'infiniment grand. Si les hommes étaient privés de l'infiniment grand, ils ne pourraient plus vivre et mourraient en proie au désespoir. Le démesuré et l'infini est indispensable à l'homme, tout comme la petite planète sur laquelle il habite... »

Et dans sa célèbre œuvre *Les frères Karamazov*, Dostoïevski a le courage de dire : « Ils pensent ordonner le mode selon la justice, mais une fois qu'ils auront repoussé le Christ, ils finiront par inonder le monde de sang, parce que le sang appelle le sang, et qui dégaine l'épée périra par l'épée. [...] Et c'est précisément ce qui arriverait s'il n'y avait pas la promesse du Christ d'abréger ces jours pour l'amour des humbles et des doux. »

Karol Wojtyla connaissait ces pensées et avait une compréhension lucide des risques que court l'Europe dans la folle aventure d'une apostasie du christianisme.

Emmanuel Kant, qui pourtant n'était pas un chrétien fervent, eut le courage de dire : « L'Évangile est la source dont découle toute notre civilisation. »

Et Thomas Stearns Eliot, un Américain qui choisit l'Europe comme patrie adoptive, déclara honnêtement : « Un citoyen européen peut ne pas croire que le christianisme soit vrai ; et cependant, ce qu'il dit et ce qu'il fait découle de la culture chrétienne dont il est l'héritier. Sans le christianisme, un Voltaire ou un Nietzsche n'aurait même pas existé. Si le christianisme s'en va, notre visage même s'en va. »

Jean-Paul II s'est dépensé sans répit et sans relâche afin que l'Europe ne perde pas son visage : le visage construit par une chaîne séculaire de générations, qui nous a laissé en héritage un continent imprégné de l'Évangile et incompréhensible sans l'Évangile.

La première encyclique : le Christ est le Rédempteur de l'homme !

La première encyclique, publiée le 4 mars 1979, annonce les grands thèmes du pontificat et trace avec détermination ses priorités.

Le début de l'encyclique est un vigoureux cri de foi : « Le Rédempteur de l'homme, Jésus Christ, est le centre du cosmos et de l'histoire » (n° 1).

Cette affirmation est paradoxale, mais en vérité tout le christianisme est un paradoxe : le Christ, en fait, est le Tout-Puissant… et se présente dans la fragilité d'un enfant et la vulnérabilité d'une croix ; le Christ est le Seigneur du temps, il est l'Éternel… et vient à nous dans l'espace d'une vie très brève. Le Christ est le Seigneur de l'univers illimité… mais, entrant dans l'univers, il ne trouve pas de place qui l'accueille et doit chercher une pauvre grotte qui devient le berceau du plus grand événement de toute l'histoire. Pourquoi ? C'est le mystère de Dieu ! C'est le mystère de Celui qui est infini mais qui fuit les puissances du monde et dédaigne la recherche du spectaculaire, laquelle est caractéristique des nains ; en fait, Celui qui est grand sait que même une grotte peut devenir le centre du monde. Et c'est ce qui est arrivé.

Jean-Paul II, dans les débuts de l'encyclique, désire se rattacher à ses prédécesseurs immédiats. Il écrit avec une sereine humilité : « Nous devons de la reconnaissance à Paul VI car, tout en respectant chaque parcelle de vérité contenue dans les diverses opinions humaines, il a conservé en même temps le providentiel équilibre du timonier du navire. L'Église qui m'a été confiée presque immédiatement après lui – à travers Jean-Paul Ier – n'est certainement pas exempte de difficultés et de tensions internes. Mais en même temps elle est intérieurement mieux prémunie contre les excès de l'autocritique : on pourrait dire qu'elle est plus critique en face des diverses critiques inconsidérées, plus résistante devant les différentes "nouveautés", plus mûre dans l'esprit de discernement, plus apte à tirer de son trésor éternel "du neuf et du vieux", plus centrée sur son propre mystère et, grâce à tout cela, plus disponible pour la mission de salut de tous : Dieu "veut que tous les hommes soient sauvés et parviennent à la connaissance de la vérité" » (n° 4).

Mais il entre ensuite dans le vif du sujet et affirme : « L'homme, dans la pleine vérité de son existence, de son être personnel et en même temps de son être communautaire et social – dans le cercle de sa famille, à l'intérieur de sociétés et de contextes très divers, dans le cadre de sa nation ou de son peuple (et peut-être plus encore de son clan ou de sa tribu), même dans le cadre de toute l'humanité –, cet homme est la première route que l'Église doit parcourir en accomplissant sa mission : il est la première route et la route fondamentale de l'Église, route tracée par le Christ lui-même, route qui, de façon immuable, passe par le mystère de l'Incarnation et de la Rédemption » (n° 14).

Le pape se demande : de quoi l'homme a-t-il besoin ? Quelle est sa pauvreté la plus vraie et la plus profonde ?

Et la réponse est rapide et précise : « L'homme ne peut vivre sans amour. Il demeure pour lui-même un être incompréhensible, sa vie est privée de sens s'il ne reçoit pas la révélation de l'amour, s'il ne rencontre pas l'amour, s'il n'en fait pas l'expérience et s'il ne le fait pas sien, s'il n'y participe pas fortement » (n° 10).

Mais l'homme d'aujourd'hui, l'homme du XXe siècle, est-il ouvert au don de l'amour ? Ou bien est-il englué dans un égoïsme personnel et collectif qui défigure son visage et comprime ses aspirations profondes, le rendant malheureux et violent ?

Le pape observe avec finesse : « L'homme d'aujourd'hui semble toujours menacé par ce qu'il fabrique, c'est-à-dire par le résultat du travail de ses mains, et plus encore du travail de son intelligence, des tendances de sa volonté. D'une manière trop rapide et souvent imprévisible, les fruits de cette activité multiforme de l'homme ne sont pas seulement et pas tant objet d'"aliénation", c'est-à-dire purement et simplement enlevés à celui qui les a produits ; mais, partiellement au moins, dans la ligne, même indirecte, de leurs effets, ces fruits se retournent contre l'homme lui-même ; ils sont dirigés ou peuvent être dirigés contre lui. C'est en cela que semble consister le chapitre principal du drame de l'existence humaine aujourd'hui, dans sa dimension la plus large et la plus universelle. L'homme, par conséquent, vit toujours davantage dans la peur. Il craint que ses productions, pas toutes naturellement ni dans leur majeure partie, mais quelques-unes et précisément celles qui contiennent une part spéciale de son génie et de sa créativité, puissent être retournées radicalement contre lui-même ; il craint qu'elles puissent devenir les moyens et les instruments d'une autodestruction inimaginable, en face de laquelle tous les cataclysmes et toutes les catastrophes connues dans l'histoire semblent pâlir. Une question doit donc surgir : pour quelle raison ce pouvoir donné à l'homme dès le commencement et qui devait lui permettre de dominer la terre se retourne-t-il contre lui-même, provoquant un état bien compréhensible d'inquiétude, de peur consciente ou inconsciente, de menace qui se communique de diverses manières à toute la famille humaine contemporaine et se manifeste sous toutes sortes d'aspects ? » (n° 15).

Si telle est la condition de l'homme contemporain, que doit dire l'Église, qu'est-elle appelée à faire en cette heure particulière de l'histoire ?

Le pape répond : « Ce regard nécessairement sommaire sur la situation de l'homme dans le monde contemporain nous amène à tourner davantage nos pensées et nos cœurs vers Jésus Christ, vers le mystère de la Rédemption, dans lequel le problème de l'homme est inscrit avec une force spéciale de vérité et d'amour. Si le Christ "s'est en quelque sorte uni lui-même à tout homme", l'Église, en pénétrant dans l'intimité de ce mystère, dans son langage riche et universel, vit aussi plus profondément sa nature et sa mission. Ce n'est pas en vain que l'Apôtre parle du Corps du Christ qu'est l'Église » (n° 18).

Et il ajoute : « "Tu nous as faits pour Toi, Seigneur, et notre cœur est inquiet jusqu'à ce qu'il repose en Toi." Dans cette inquiétude créative palpite tout ce qui est profondément humain : la recherche de la vérité, l'insatiable nécessité du bien, la faim de la liberté, la nostalgie du beau, la voix de la conscience. L'Église, cherchant à regarder l'homme comme "avec les yeux du Christ lui-même", prend toujours davantage conscience d'être la gardienne d'un grand trésor qu'elle n'a pas le droit de gaspiller, mais qu'elle doit continuellement accroître » (n° 18).

L'Église, par conséquent, a le devoir d'annoncer le Christ, de le porter à travers les voies du monde, de le rendre contemporain à chaque homme ; la rencontre avec le Christ, en fait, crée la véritable civilisation, libère l'homme de la prison de l'égoïsme et ouvre le cœur humain à l'espérance du vrai bonheur.

Jean-Paul II devient ainsi le pèlerin apostolique : le feu de l'Évangile brûle dans ses veines et le pousse à cheminer par les routes de tous les continents pour raconter à tous la joie d'avoir connu et rencontré Jésus Christ.

Les premiers voyages apostoliques : le Mexique et la Pologne

Jean-Paul II, avec ses premiers voyages apostoliques, déplace aussitôt le centre de gravité de l'Église vers l'Est et vers le Sud du monde. Ces deux déplacements s'accomplissent lors de deux voyages courageux : au Mexique et en Pologne.

Le voyage au Mexique est le moment où Jean-Paul II affirme pour la première fois son choix du tiers-monde, choix qu'il renouvellera par la suite tout au long de son pontificat.

À Puebla, le 28 janvier 1979, ouvrant l'assemblée du Celam (la Conférence épiscopale de l'Amérique latine), Jean-Paul II affirme avec force le choix tiers-mondiste : « L'Église veut se maintenir libre face aux systèmes opposés, de manière à opter seulement pour l'homme » et à pouvoir contribuer à « éviter que les pays forts n'usent de leur pouvoir au détriment des pays les plus faibles. »

Oaxaca est l'étape la plus réussie du voyage, celle au cours de laquelle le pape rencontre « les frères *indios* et *campesinos* » et leur dit des mots qui viennent du cœur et constituent la stipulation d'une alliance avec les pauvres, qui marquera tout le pontificat. La réussite de cette étape repose sur deux points : le contact direct avec la population, qui émeut et fait crier Jean-Paul II ; et la contribution apportée par l'épiscopat local, celui de la région mexicaine du Pacifique Sud qui précisément a pour centre Oaxaca.

Le journaliste Luigi Acattoli rapporte des détails intéressants : « Dans un document approuvé un an avant la visite du pape, et envoyé à Rome avec le dossier préparatoire, les neuf évêques de la région accusent les grands propriétaires fonciers et le gouvernement d'expropriations abusives de terres, d'organisation de bandes armées "qui répandent la terreur et la mort dans la région", de spoliation culturelle et d'instrumentalisation de la religiosité populaire aux fins de domination : "Telle est la situation dans laquelle vivent les indigènes et les *campesinos*. C'est ainsi que nous l'avons comprise lorsque nous nous sommes déplacés vers eux avec une sincérité évangélique."

Le pape à peine arrivé, ces évêques lui remettent le salut – déjà écrit – qu'un *indio* devra lui adresser le lendemain : "Tu as dit que nous, les pauvres de l'Amérique latine, nous sommes les espérances de l'Église. Regarde maintenant comment vit cette espérance."

Impressionné par cette lecture, Jean-Paul II veille longuement cette nuit-là pour réécrire préparé à cette occasion, et le lendemain, il laisse aller son cœur : il voit dans les *campesinos* et dans les *indio*s qui l'écoutent tous les pauvres du monde, rappelle Paul VI qui prit leur parti durant sa visite à Colombia (1968) et continue ainsi : “Avec lui, je veux répéter, si possible avec un accent encore plus fort dans la voix, que le pape actuel veut être solidaire de votre cause qui est en définitive la cause du peuple humble, des gens pauvres. Le pape se trouve aux côtés de ces masses de population, presque toujours abandonnées à un niveau de vie indigne et parfois traitées et exploitées durement. Faisant sienne la conduite de ses prédécesseurs Jean XXIII et Paul VI, ainsi que celle du Concile Vatican II, devant une situation qui continue à être alarmante, rarement meilleure et parfois pire encore, le pape veut être votre voix, la voix de ceux qui ne peuvent parler ou qui sont contraints au silence, pour être la conscience des consciences et l’invitation à l’action, pour rattraper le temps perdu qui est souvent un temps de souffrances et d’espérances insatisfaites. [...] Et maintenant, de votre côté, responsables du peuple, classes puissantes qui parfois possédez des terres incultivées, lesquelles cachent le pain manquant à tant de familles, la conscience humaine, la conscience des peuples, le cri de l’abandonné, surtout la voix de Dieu, la voix de l’Église, vous répètent avec moi : il n’est pas juste, il n’est pas humain, il n’est pas chrétien, de faire persister certaines situations manifestement injustes !” (Oaxaca, 30 janvier 1979)[2]. »

Mais le voyage en Pologne a certainement été le voyage le plus délicat et le plus attendu de Jean-Paul II : ce voyage a fêlé le Rideau de fer et créé les prémisses d’un changement décisif de l’histoire du monde.

---

2. Luigi ACCATOLI, *Giovanni Paolo II*, San Paolo, Milano, 2006, pp. 70-71.

En Pologne, l'Église, forte du soutien actif de plus de quatre-vingt-dix pour cent de la population, réunissait en elle les impulsions du pays et s'en faisait le porte-parole face au régime. Le régime, qui avait tenté d'en briser les structures et de diviser le clergé et les fidèles, avait admis déjà depuis longtemps l'échec du *Kulturkampf* athée et marxiste. Si « la politique du parti reste celle d'extirper la religion » (déclaration du ministre Kakol en 1976), le pouvoir avait dû cesser l'attaque frontale pour choisir la durée et des manières moins directes et plus sournoises.

Au-dessus des données statistiques, aussi impressionnantes soient-elles, sur la subsistance du catholicisme dans ce pays (se déclarent catholiques 93 % des habitants et, en particulier, 78,3 % des jeunes de moins de 24 ans et 75,5 % des ouvriers; plus de 95 % des nouveau-nés sont baptisés; on compte 28 000 prêtres et religieux; il y a 18 000 centres de catéchisme; on célèbre 10 messes dominicales dans les 6 600 paroisses: il y a 48 séminaires, une université catholique et une académie de théologie; 10 % des vocations sacerdotales du monde entier sont polonaises), demeurait néanmoins la réalité d'un régime qui aurait pu tout obtenir avec les moyens coercitifs de l'État totalitaire, et qui pourtant ne pouvait rien contre l'invisible et incoercible pouvoir spirituel de l'Église.

Jean-Paul II s'est présenté dans sa nation avec le pouvoir spirituel de l'Église: un pouvoir que le monde ne peut comprendre et qui pourtant est capable de changer le monde!

Des foules immenses se déplaçaient pour saluer le pape; des jeunes lui chantaient des sérénades interminables et émouvantes sous ses fenêtres à Cracovie ; le monde suivait en retenant son souffle.

Après ce voyage, l'Est était différent ; nul ne pouvait comprendre ce qui s'était produit, mais désormais un nouvel avenir était aux portes... et Marie ouvrait délicatement la porte du nouveau futur.

Un pontificat marial : Totus tuus

Chaque pontificat est « *marial* » parce que chaque pape fait fidèlement résonner ce que l'Évangile affirme avec clarté concernant Marie. Mais chez Jean-Paul II, il y a une caractéristique, une tonalité, un sentiment tout à fait particulier par rapport à la présence et à la mission de la Vierge. Ses armoiries épiscopales et pontificales constituent une véritable carte d'identité : le « **M** » qui se découpe sur le fond bleu est commenté par le cri du fils envers la mère : « *Totus tuus* ». Comme tout cela est beau, humainement et chrétiennement !

En scrutant les pas et les gestes, en méditant les discours et les documents de Jean-Paul II, on s'aperçoit que l'affection pour Marie est une source d'inspiration qui caractérise son chemin à la suite de Jésus.

Le 4 juin 1979, comme premier pape pèlerin à Jasna Gora, il confia l'Église à Marie, prononçant des paroles émues et touchantes : « Combien de problèmes aurais-je dû, ô Mère, te présenter dans cette rencontre, les énumérant un à un. Je les confie tous à Toi, parce que Tu les connais mieux que nous et tu prends soin de tous. Je le fais dans le lieu des grandes consécrations, à partir duquel on embrasse non seulement la Pologne, mais toute l'Église dans les dimensions des pays et des continents : toute l'Église dans Ton Cœur maternel. L'Église entière, dont je suis le premier serviteur, je Te l'offre et Te la confie ici avec une immense confiance, ô Mère. »

Dans son itinéraire infatigable à travers les différents continents, le pape a toujours eu le regard fixé sur Marie : grâce à elle, il a appris et annoncé la beauté de la fidélité au Seigneur et à son Évangile, grâce à elle il a écouté et transmis l'espérance du Magnificat ; par elle, il a appris l'orientation *christologique* de toute l'activité pastorale, parce que Marie nous répète continuellement : « Faites tout ce qu'il [Jésus] vous dira ! » (Jn 2, 5).

Ainsi devient clair et émouvant le geste du pape qui, après le dramatique attentat du 13 mai 1981, se rendit à Fatima pour remercier sa Mère, lui remettant la balle mortelle qui n'a néanmoins pas réussi à le tuer ; devient clair aussi le continuel pèlerinage du pape vers les sanctuaires mariaux, où « l'on est comme contaminé par la foi de Marie » (Lettre pour le VIIe centenaire de Lorette) ; devient clair et lumineux encore le geste du pape qui serre dans ses mains la couronne du Rosaire pour se sentir accroché à la solidité et à la tendresse de la Mère ; devient claire, enfin, la fidélité à la récitation de l'Angélus que le pape a portée sur les places, sur les montagnes et sur les carrefours du monde entier.

Le 13 mai de l'an 2000, je me trouvais à Fatima ; je garde encore dans mon cœur l'émotion du moment où le Saint-Père Jean-Paul II béatifia les deux jeunes bergers de Fatima, Jacinte et François, en présence de la troisième jeune bergère, Lucie, et en présence d'une foule immense de pèlerins venant (beaucoup à pied !)

de tout le Portugal et des coins les plus reculés de la terre : je me souviens d'avoir salué une famille provenant de la Terre de Feu !

Comme il m'apparaissait merveilleusement vrai, le *Magnificat* de Marie ! Comme il m'apparaissait palpable et vérifiable, le chant de louange qui passe de génération en génération !

Sur l'immense esplanade de la *Cava da Iria*, un océan de visages illuminés par le soleil formait un seul cœur qui se déplaçait comme une onde embrassée par le souffle divin de l'Esprit : c'était le peuple des *petits* auquel appartenait Marie et dont elle avait parlé dans le *Magnificat* ; c'était le peuple des *humbles*, des gens qui avaient dormi à la belle étoile parce qu'ils ne pouvaient pas se permettre le luxe de payer une chambre d'hôtel... Mais à ce moment ce peuple des *humbles* avait le clair sentiment d'être l'*accomplissement* des paroles de Marie.

L'émotion se mua en surprise lorsque, une fois terminée la cérémonie de béatification des deux jeunes bergers, la parole fut prise par le cardinal Angelo Sodano, secrétaire d'État de Sa Sainteté, qui dit au nom du pape : « Comme vous le savez, le but de sa visite à Fatima a été la béatification des deux petits bergers. Mais il veut aussi donner à ce pèlerinage le sens d'un geste renouvelé de gratitude envers la Madone, pour la protection qu'elle lui a accordée durant ses années de pontificat. C'est une protection qui semble concerner aussi ce qu'on appelle "la troisième partie" du secret de Fatima.

Ce texte constitue une vision prophétique comparable à celles de l'Écriture sainte, qui ne décrivent pas de manière photographique les détails des événements à venir, mais qui résument et condensent sur un même arrière-fond des faits qui se répartissent dans le temps en une succession et une durée qui ne sont pas précisées. Par conséquent, la clé de lecture du texte ne peut que revêtir un caractère symbolique.

La vision de Fatima concerne surtout la lutte des systèmes athées contre l'Église et contre les chrétiens. Elle décrit l'immense souffrance des témoins de la foi du dernier siècle du deuxième millénaire. C'est une interminable *via crucis*, guidée par les papes du vingtième siècle.

Selon l'interprétation des petits bergers, interprétation confirmée récemment par Sœur Lucie, "l'Évêque vêtu de blanc" qui prie pour tous les fidèles est le Pape. Lui aussi, marchant péniblement vers la Croix parmi les cadavres des martyres (évêques, prêtres, religieux, religieuses et nombreux laïcs), tombe à terre comme mort, sous les coups d'une arme à feu.

Après l'attentat du 13 mai 1981, il apparut clairement à Sa Sainteté qu'"une main maternelle avait guidé la trajectoire du projectile", permettant au "Pape agonisant" de s'arrêter "au seuil de la mort" (Jean-Paul II, *Méditation avec les Évêques italiens depuis l'hôpital Polyclinique Gemelli*, *Insegnamenti*, vol. XVII/1, 1994, p. 1061). À l'occasion du passage à Rome de l'évêque de Leiria-Fatima de l'époque, le Pape décida de lui remettre le projectile, resté dans la jeep après l'attentat, pour qu'il soit gardé dans le sanctuaire. À l'initiative de l'Évêque, il fut enchâssé dans la couronne de la statue de la Vierge de Fatima.

Les événements ultérieurs de 1989 ont conduit, en Union Soviétique et dans de nombreux pays de l'Est, à la chute du régime communiste, qui se faisait le défenseur de l'athéisme. Pour cela aussi, le Souverain pontife remercie de tout cœur la Vierge très sainte. Cependant, dans d'autres parties du monde, les attaques contre l'Église et contre les chrétiens, accompagnées du poids de la souffrance, n'ont malheureusement pas encore cessé. Bien que les situations auxquelles fait référence la troisième partie du secret de Fatima semblent désormais appartenir au passé, l'appel de la Vierge de Fatima à la conversion et à la pénitence, lancé au début du vingtième siècle, demeure encore aujourd'hui d'une actualité stimulante. “La Dame du message semble lire avec une perspicacité spéciale les signes des temps, les signes de notre temps [...]. L'invitation insistante de la très Sainte Vierge Marie à la pénitence n'est que la manifestation de sa sollicitude maternelle pour le sort de la famille humaine, qui a besoin de conversion et de pardon” (Jean-Paul II, *Message pour la Journée mondiale des malades 1997, n. 1 : La Documentation catholique*, 93 [1996], p. 1051).

Pour permettre aux fidèles de mieux recevoir le message de la Vierge de Fatima, le Pape a confié à la Congrégation pour la Doctrine de la Foi le soin de rendre publique la troisième partie du secret, après en avoir préparé un commentaire approprié. »

Finalement était arrivé le moment de connaître la *troisième partie du secret de Fatima* ! Et de fait, le texte de Sœur Lucie de Fatima, qui décrit une vision du 13 juillet 1917, a été publié quelques semaines après l'annonce du cardinal Sodano et s'énonce exactement ainsi :

> « Troisième partie du secret révélé le 13 juillet 1917 dans la Cava da Iria-Fatima.
> J'écris dans un acte d'obédience à Vous mon Dieu qui me le commandez par l'intermédiaire de son Excellence révérendissime l'Évêque de Leiria et de la Vôtre et mienne très sainte Mère.
> Après les deux parties que j'ai déjà exposées, nous avons vu sur le côté gauche de Notre-Dame un peu plus en haut un Ange avec une épée de feu dans la main gauche ; en scintillant, elle émettait des flammes qui, semblait-il, devaient incendier le monde ; mais elles s'éteignaient au contact de la splendeur que Notre-Dame dégageait de sa main droite vers lui ; l'Ange, indiquant la terre avec la main droite, dit d'une voix forte : *Pénitence, Pénitence, Pénitence* ! Et nous vîmes dans une lumière immense qui est Dieu ("quelque chose de similaire à la manière dont se voient les personnes dans un miroir lorsqu'elles passent devant") un Évêque vêtu de Blanc, et nous nous avons eu le pressentiment que c'était le Saint-Père. Nous vîmes différents autres évêques, prêtres, religieux et religieuses gravir une montagne raide au sommet de laquelle il y avait une grande Croix faite de troncs grossiers, comme si elle était en chêne-liège avec l'écorce ; le Saint-Père, avant d'y arriver, traversa une grande cité à moitié en ruines, l'autre moitié tremblotante, d'un pas vacillant, affligé de douleur et de peine, priait pour les âmes des cadavres qu'il rencontrait sur son chemin ; arrivé au sommet de la montagne, prostré à genoux aux pieds de la grande Croix, il fut tué par un groupe de soldats qui lui tirèrent des coups d'armes à feu et des flèches ; et de la même manière moururent les uns après les autres les évêques, prêtres, religieux et religieuses et différentes personnes laïques, hommes et femmes appartenant à différentes classes et positions. Sous les deux bras de la Croix il y avait deux anges, chacun avec un arrosoir de cristal dans la main,

dans lequel ils recueillaient le sang des martyrs, et avec ce sang ils irriguaient les âmes qui s'approchaient de Dieu[3]. »

La signification du troisième secret de Fatima fut claire à partir du 13 mai 1981 et surtout à partir du 25 mars 1984.

En effet, répondant à l'invitation faite par la Vierge aux trois jeunes bergers de Fatima le 13 juillet 1917, Jean-Paul II consacra la Russie au Cœur immaculé de Marie le jour de la fête de l'Annonciation, c'est-à-dire le 25 mars 1984; le fait pouvait sembler, en le regardant superficiellement, un simple geste de dévotion. Au contraire… Un an après arrivait au pouvoir en Russie Mikhaïl Gorbatchev qui mit en route le processus pacifique d'autodestruction de l'empire du communisme athée : quelque chose d'incroyable, d'impensable, d'imprévisible !

Le 8 décembre 1991, fête de l'Immaculée Conception de Marie, lors d'une réunion des leaders des plus importantes républiques de l'URSS, fut décidé le démantèlement de l'Union Soviétique : le monde entier en eut le souffle coupé. Comment cela avait-il été possible ?

Le même Mikhaïl Gorbatchev, rappelant ce 8 décembre mémorable, a confié récemment : « Encore aujourd'hui, je ne réussis pas à comprendre ce qui est passé par la tête des députés russes, ukrainiens et biélorusses en ce 8 décembre 1991 » (Corriere della Sera, 30 décembre 2001). Mais si nous observons attentivement les dates, nous apercevons à travers cette

3. Tuy, 3-1-1944.

broderie d'événements une main délicate et résolue : la main maternelle de Marie !

Mais les surprises n'étaient pas encore finies. Le 25 décembre 1991, fête de la Nativité de Jésus, furent descendues les couleurs du drapeau rouge du Kremlin. L'expérience communiste qui avait ensanglanté l'Europe – et pas seulement l'Europe ! – durant soixante-dix ans se terminait ainsi officiellement.

Ces faits n'ont besoin d'aucun commentaire : il suffit de garder le silence et remercier Marie avec l'affection filiale que nous avons vue dans les yeux et entendue dans la voix de Jean-Paul II.

J'ai touché le mystère[1]

Stanislaw DZIWISZ

1. Conférence donnée le 13 mai 2001 par le cardinal Dziwicz à l'université de Lublin.

Un témoignage nécessaire

Il me paraît opportun d'inscrire la rencontre de ce jour dans la dimension de « don et mystère » devant lesquels il est nécessaire d'incliner la tête et de respecter le contenu profond. Le *don* est la vie du Saint-Père qui continue à porter ses fruits dans l'Église et dans le monde ; le mystère est l'attentat que, par-delà le drame en soi qu'il nous a été donné de vivre, nous chercherons aujourd'hui à saisir dans la perspective du dessein de salut de la Providence.

Je ne prétends pas donner une leçon, mais plutôt un témoignage : le témoignage d'un homme qui a seulement effleuré le mystère et qui – bien qu'il me soit difficile de le reconnaître – fut peut-être aussi un instrument dans les mains de Dieu, mais qui a été en tout cas le témoin oculaire de la façon dont il y a vingt ans fut accordé justement le don qui a permis au Saint-Père de continuer à vivre.

Je désire rappeler quelques faits de cette histoire – un peu lointaine mais néanmoins toujours importante – liés à la date du 13 mai 1981, qui se sont inscrits profondément dans mon cœur et dont j'ose seulement aujourd'hui parler publiquement. Je sais qu'il ne s'agit pas d'événements qui peuvent se raconter ou se comprendre entièrement. Je crois toutefois que cela vaut la peine de faire appel aux souvenirs, parce que la narration de détails qui ne sont pas généralement connus peut servir non seulement à satisfaire la curiosité, mais surtout à comprendre comment la vie du Saint-Père fut réellement sauvée par la grâce de Dieu, pour laquelle nous devons toujours être reconnaissants.

Ces jours-là

L'année 1981 fut en Pologne une année chargée de tensions sociales et politiques, porteuses de temps nouveaux. Dans la conscience de la population résonnaient les paroles prononcées par le Saint-Père à Gniezno, durant le pèlerinage de 1979, sur le respect de la dignité et des droits de l'homme, sur le respect des droits des peuples et des nations à la liberté, à la souveraineté et à l'autodétermination. Dans cette conscience résonnaient encore les échos de l'homélie prononcée par le pape durant la sainte messe d'inauguration du pontificat : « N'ayez pas peur ! Ouvrez, ouvrez toutes grandes, les portes au Christ ! »

En Italie aussi, mai 1981 fut un mois turbulent : à cette époque devait se dérouler le référendum sur la loi sur l'avortement, et le 13 mai était prévue justement une manifestation organisée à Rome par le parti communiste. Ce même jour, le Saint-Père devait fonder l'Institut pontifical d'études sur le Mariage et la Famille auprès de l'Université du Latran, et instituer le Conseil pontifical pour la Famille auprès du Siège apostolique. Le 11 mai, sur ordre du Saint-Père, je me rendis dans la soirée à la résidence du cardinal Wyszynski pour faire une visite au « primat du Millénaire[2] », lequel était couché désormais, victime d'une grave maladie. Le cardinal me retint dans un long entretien parce qu'il voulait transmettre au pape ses dernières volontés et lui adresser une missive. Il était conscient d'aller au-devant de la mort. Il voulait se remettre entièrement, faible comme il l'était et réconcilié, à la volonté divine. Il était content de savoir que, le 8 juin, allait se dérouler la cérémonie consistant à confier l'Église et le monde à la très Sainte Mère, cérémonie que le Saint-Père devait célébrer de concert avec les évêques. Le Primat aurait beaucoup aimé participer à cet événement qui lui tenait tant à cœur, mais en raison de son mauvais état de santé il se contenta d'envoyer une délégation à Rome. Je quittai la Pologne le lendemain. Le 13 mai, le Saint-Père avait invité à déjeuner le Professeur Jérôme Lejeune de Paris, fameux généticien et grand défenseur du droit à la vie. Dans l'après-midi, vers 17 heures, devait se dérouler sur la place Saint Pierre l'audience générale du mercredi.

17 h 17

Il était 17 h 17. Durant le second tour de la place éclatèrent les coups de feu dirigés vers Jean-Paul II.

---

2. Stefan Wyszynski (1901-1981), cardinal archevêque de Gniezno et de Varsovie, primat de Pologne de 1948 à 1981. En 1966, culminaient les célébrations du millénaire de la christianisation de la Pologne qu'il avait organisées, mais le pape Paul VI ne put y participer en raison du veto opposé par les autorités polonaises.

Mehmed Ali Agca, tueur professionnel, avait tiré au pistolet, blessant le Saint-Père à l'abdomen, au coude droit et à l'index. La balle lui transperça le corps et tomba entre le pape et moi. J'entendis deux coups de feu. Les projectiles blessèrent deux autres personnes. Moi-même je fus épargné, bien que la force des balles fût telle qu'elles auraient pu frapper encore plusieurs personnes. Je demandai au Saint-Père : « Où ? » Réponse : « Au ventre. » « Cela fait mal ? » Réponse : « Cela fait mal. » Et à cet instant il commença à s'affaisser sur un côté. Je réussis à le soutenir parce que je me trouvais derrière lui. Il perdait ses forces. Ce furent des moments dramatiques. Aujourd'hui je peux dire qu'à cet instant intervint une force invisible qui lui sauva la vie. Il n'y avait pas de temps pour réfléchir, il n'y avait même pas un médecin à proximité. Une décision erronée pouvait avoir des conséquences désastreuses. Nous ne tentâmes pas de prêter les premiers secours au blessé, nous ne pensâmes même pas à le transporter dans ses appartements. Chaque minute était décisive. C'est pourquoi nous transférâmes rapidement le Saint-Père dans une ambulance, nous recherchâmes son médecin personnel, le docteur Renato Buzzonetti, et nous nous précipitâmes à la Polyclinique Gemelli. Le long du trajet, le Saint-Père était encore conscient ; mais à peine entrés dans l'hôpital il perdit connaissance. Jusqu'à ce qu'il eût retrouvé ses esprits, je priai à voix basse.

La lutte pour la vie

À la Polyclinique Gemelli, tout le monde était manifestement effaré. Le blessé fut transporté dans une chambre au dixième étage, réservée aux cas particuliers, mais après les premiers secours le Saint-Père fut dirigé vers la salle d'opération. À ce moment, une lourde responsabilité pesait sur les médecins. Le chirurgien (le professeur Francesco Crucitti) eut un rôle particulier. Il me confia par la suite que ce jour-là il n'était pas de service ; il était à la maison, mais quelque chose l'avait poussé à se rendre à la Polyclinique, et en route il avait appris par la radio la nouvelle de l'attentat. Arrivé à la Polyclinique, il s'était mis aussitôt à diriger l'intervention puisque le directeur de la Clinique chirurgicale, le professeur Castiglioni, se trouvait à Milan et réussit à rentrer seulement vers la fin de l'opération. Le professeur Crucitti fut assisté d'autres médecins. Il y avait un personnel nombreux dans la salle d'opération. La situation était grave : le pape avait perdu beaucoup de sang et en outre ne réagissait pas positivement à la transfusion qui lui fut administrée pour améliorer son état. Toutefois, à la Polyclinique se trouvaient des médecins ayant le même groupe sanguin que le pape, qui n'hésitèrent pas à se mettre à sa disposition pour lui donner leur propre sang.

La situation était grave. Le docteur Buzzonetti se retourna vers moi à un moment pour me demander d'administrer au pape l'Onction des malades, étant donné la gravité de l'état du patient : la tension avait baissé, les battements du cœur étaient à peine perceptibles. La transfusion permit de commencer l'opération qui s'annonçait particulièrement complexe et qui dura cinq heures et vingt minutes. Toutefois, minute après minute, croissait l'espoir de sauver la vie du pape.

À la Polyclinique accoururent des cardinaux et d'autres personnalités de la Curie. Le secrétaire d'État, le cardinal Agostino Casaroli, en route vers les États-Unis, n'était pas là. Se joignirent les hommes politiques, avec le Président Sandro Pertini qui resta près du pape jusqu'à deux heures du matin et ne voulut pas s'en aller jusqu'à ce que le Saint-Père fût sorti de la salle d'opération. Le geste du Président italien fut émouvant, dépourvu de tout calcul politique. Se joignirent aussi les leaders des partis : Craxi, Berlinguer, Piccoli, Forlani et d'autres. En marge, je voudrais ajouter que Berlinguer renvoya à une date ultérieure la manifestation en faveur de l'avortement organisée par les communistes pour cette même soirée.

Après l'opération, le Saint-Père fut transféré en réanimation. Les médecins craignaient des infections ou d'autres complications. Après avoir repris connaissance, le pape demanda : « Avons-nous déjà récité les complies ? »

C'était le lendemain de l'attentat. Pendant deux jours, le Pape souffrit beaucoup, mais l'espoir qu'il s'en sorte augmentait. Il resta en réanimation jusqu'au 18 mai. Le lendemain de l'opération, le Saint-Père communia et, durant les jours qui suivirent, réussit à concélébrer, tout en restant alité. On commença à parler d'une consultation médicale internationale ; c'est le cardinal Macharski qui insista pour que cela se fît.

Le matin du dimanche 17 mai, le Saint-Père enregistra une brève intervention pour le *Regina Caeli*; il eut des paroles de remerciement pour les prières et de pardon pour l'auteur de l'attentat, et se confia à la Mère de Dieu[3]. L'attentat unit l'Église et le monde autour de la personne du pape, et ce fut là le premier fruit de sa souffrance. La Pologne était recueillie à genoux. À Cracovie se déroula l'inoubliable *Marche blanche* des jeunes[4].

La Polyclinique était assiégée par des journalistes, par des personnalités ecclésiastiques et laïques et par des milliers de simples citoyens, attirés par l'affection qui les liait au pape. Des télégrammes arrivèrent du monde entier; dès les premiers jours, on en releva 15000.

Le 18 mai arrivèrent les spécialistes: deux médecins américains, un Français, un Allemand, d'Espagne et un venant de Cracovie. Ils exprimèrent leur optimisme concernant l'état du pape et confirmèrent la thérapie adoptée. Une semaine après l'attentat, nous

---

3. « Loué soit Jésus Christ! Très chers frères et sœurs, je sais qu'en ces jours et spécialement à cette heure du *Regina Caeli* vous êtes unis avec moi. Je vous remercie, ému par vos prières, et vous bénis tous. Je suis particulièrement proche des deux personnes blessées en même temps que moi. Je prie pour le frère qui m'a frappé et auquel j'ai sincèrement pardonné. Uni au Christ, Prêtre et Victime, j'offre mes souffrances pour l'Église et pour le monde. À Toi Marie je répète: *Totus tuus ego sum.* » (*Recita del Regina Coeli, in*: « La traccia », n° 5/1981, p. 419).

4. Les étudiants de Cracovie suspendirent la préparation des *Juvenalia* (la période de fêtes et de jeux estudiantins qui en Pologne précèdent la session estivale des examens) et organisèrent une *Marche blanche* en signe de protestation silencieuse contre le mal dans le monde, unis spirituellement au pape. La marche, à laquelle participaient des dizaines de milliers de personnes, se termina par une messe célébrée par le cardinal Macharski, représentant le pape et le cardinal Wyszynski (ndt).

entonnâmes le *Te Deum*. On commença à associer la date de l'attentat avec les apparitions de Fatima et à parler avec insistance de guérison miraculeuse advenue par l'intercession de la Madone de Fatima.

Lorsque le Saint-Père reprit des forces, il commença à recevoir des visites : surtout des collaborateurs, des cardinaux et des représentants d'autres confessions. Nous célébrions généralement la sainte messe en fin d'après-midi, vers 18 heures, après quoi les sœurs entonnaient les litanies mariales.

Entre-temps arriva de Varsovie la nouvelle que le Primat était désormais à l'agonie, et le pape en fut très secoué. Le 24 mai, par l'intermédiaire de don Gozdziewicz, il voulut lui transmettre par téléphone encore son salut et sa bénédiction. Le jour suivant à 12h15, il y eut un ultime et bref entretien avec le Primat mourant. Je me rappelle les paroles : « Je t'envoie ma bénédiction et un baiser. »

Le 27 mai fut enregistré le discours du Saint-Père devant les pèlerins de Pickary[5]. Il était encore très fatigué et se plaignait d'une douleur au cœur. Son état de santé empirait de nouveau ; il fut soumis à un monitoring

5. Petite ville de Silésie, célèbre centre de pèlerinage marial à la basilique mineure locale dédiée à Marie vénérée en tant que patronne des travailleurs. Dans le discours du 31 mai, le pape disait entre autres : « C'est pour moi une véritable consolation de pouvoir m'adresser à vous, unis dans le pèlerinage à Pickary [...]. C'est une année durant laquelle, comme vous le savez bien, les regards du monde entier sont tournés vers la Pologne en raison du programme de renouveau né dans les difficiles expériences du travail humain [...]. Je désire, ensemble avec vous [...], reconfirmer devant la Vierge de Pickary justement ce programme de renouveau et je désire, ensemble avec vous, Lui confier ce programme : de tout cœur, à la manière filiale, polonaise, comme cela se fait en Silésie (*Messagio ai lavoratori riuniti presso il santuario dei Pickary*, *in* : « La traccia », n° 5/1981, p. 423).

et pendant toute une nuit surveillé par les cardiologues. Les complications cardiaques, comme le dirent les médecins, étaient dues à la présence d'un petit embolus pulmonaire qui allait ensuite se dissoudre. Jour après jour en disparurent les signes sur le tracé électrocardiographique.

Le 28 mai, ce fut la solennité de l'Ascension. Une amélioration suivit, mais la période d'hospitalisation fut prolongée. Ce jour-là à 4 h 40, le cardinal Wyszyinki mourut. Sa disparition ne fut pas inattendue, mais nous frappa néanmoins tous profondément. L'annonce officielle arriva vers 10 heures, mais en privé don Piasecki nous avait informés vers 6 h 30. J'en parlai au Saint-Père un peu plus tard, et il apprit la nouvelle avec une profonde émotion.

Le 30 mai, le Saint-Père rencontra le cardinal Casaroli et lui remit le texte à lire aux funérailles du Primat polonais. Le secrétaire d'État prit part aux funérailles au nom du pape qui aurait tant désiré y participer personnellement.

Le dimanche 31 mai fut enregistré le message du Saint-Père pour le *Regina Caeli*. La voix était déjà plus assurée. À 17 heures, il participa aux funérailles du Primat par l'intermédiaire de Radio Vatican. En même temps, il célébrait sa messe à la Polyclinique. Après la cérémonie, il dit : « Il me manquera. J'étais lié à lui par une relation d'amitié, j'avais besoin de sa présence. »

Le 1er juin : Le matin, comme tous les jours, il y eut la méditation, la prière et ensuite les visites médicales. Outre les docteurs de la Polyclinique était toujours présent un médecin du Vatican sous la supervision du docteur Buzzonetti. Dans les heures qui suivaient, le

Saint-Père recevait des visites officielles ou amicales. Ce jour-là, après la messe du soir, nous commençâmes les cérémonies pour la fête du Sacré-Cœur de Jésus.

Le retour à la maison

Le retour à la maison était prévu pour le 3 juin. La sainte messe fut célébrée à 12 h 30. Avant de quitter la Polyclinique, le Saint-Père reçut le Recteur de l'université (le professeur Lazzati) et dans l'après-midi encore les docteurs et l'équipe médicale. Vers 19 heures, il fut transporté au Vatican. La rencontre avec la Curie et le personnel du Palais fut cordiale et émouvante. La présence du pape raviva l'atmosphère du Saint-Siège. Ainsi se termina la première étape après l'attentat et prirent fin les moments dramatiques au cours desquels il avait lutté entre la vie et la mort.

Le Saint-Père continuait à être sous le contrôle des médecins de la Polyclinique et du Vatican.

Le vendredi 5 juin, il enregistra le message pour la solennité de la Pentecôte, où avaient été invités les évêques du monde entier. Elle coïncidait en effet avec le 1600e anniversaire du premier concile de Constantinople et le 1550e anniversaire du concile d'Éphèse. Au cours de ces célébrations, le pape, dans l'esprit du message de Fatima, désirait confier à la Très Sainte Mère l'Église et le monde, et spécialement les pays qui attendaient ardemment ce geste.

Le 7 juin, ce fut la Pentecôte; la liturgie fut présidée, dans la basilique Saint-Pierre, par le cardinal Carlo Confalonieri, doyen du Collège cardinalice. L'homélie du pape fut écoutée à partir de la bande enregistrée ; mais à la fin de la célébration liturgique, le pape se montra en personne depuis la loge interne de la basilique et donna sa bénédiction ; ce furent pour tous des instants de grande joie. Le message qui précéda la prière du *Regina Caeli* fut également reproduit à partir d'une bande magnétique. Le Saint-Père se montra seulement depuis la fenêtre de sa bibliothèque privée pour donner la bénédiction aux fidèles rassemblés sur la place Saint-Pierre.

L'après-midi se déroula la cérémonie solennelle à l'église Sainte-Marie-Majeure, en présence de délégations et d'évêques du monde entier, au cours de laquelle le Saint-Père fit acte de confier l'Église et le monde à la Mère de Dieu. Les paroles de l'acte, préparées par le Saint-Père, furent transmises par Radio Vatican. Le pape suivit à la télévision la cérémonie présidée par le cardinal Otunga de Nairobi, alors que la procession fut guidée par le cardinal mexicain Corripio. Ainsi fut exaucé le grand désir de l'épiscopat polonais et du primat Stefan Wyszynski, déjà exprimé durant le concile Vatican II.

À partir du mardi 9 juin, la fièvre monta de nouveau et une rechute générale suivit. De nouveaux examens furent prescrits pour en identifier la cause ; des douleurs aiguës surgirent, et le pape commença à perdre ses forces. En outre, les continuels examens le fatiguaient sans apporter aucun résultat. La fièvre atteignit 40 degrés et se maintint à un niveau élevé durant quelques jours, ce qui contribua à affaiblir l'organisme. À l'équipe médicale se joignirent les professeurs Giunchi, spécialiste de médecine interne, et Fegiz, célèbre professeur titulaire de clinique chirurgicale.

Le 14 juin, un dimanche, le Saint-Père se montra de nouveau pour la prière du *Regina Caeli*.

Le 17 juin, le pape eut une rencontre rapide avec quelques représentants de *Solidarnosc Rurale*[6].

De nouveau à l'hôpital

Le collège médical, préoccupé par l'état de santé et craignant même pour la vie du Saint-Père, qui était si faible qu'il ne pouvait pas réciter le bréviaire tout seul, prit la décision de l'hospitaliser à nouveau à la Polyclinique. Le 20 juin à 16 heures 30, le pape fut conduit à l'hôpital pour des examens précis qui cependant ne révélèrent pas les causes de la détérioration de sa santé.

Le 22 juin s'ajoutèrent des infiltrations dans les poumons, qui disparurent cependant par la suite. Ce jour-là, pour la première fois, on découvrit chez lui le *cytomégalovirus* qui s'avéra être la cause de la complication résultante. On put alors adopter une thérapie adéquate. À la Polyclinique, le pape expédiait de nombreuses affaires administratives et recevait ses collaborateurs, parmi lesquels le nonce Jozef Kowalczyk et l'évêque Tadeusz Rakoczy qui à l'époque formaient la section polonaise du Secrétariat d'État. À la même période, il fallait également procéder à la nomination du nouveau primat de Pologne; cette question occupait l'esprit et le cœur du Saint-Père. Après d'amples consultations avec l'épiscopat, son

---

6. Syndicat paysan indépendant qui s'est constitué en 1981 à Poznan à partir de la fusion de trois organisations paysannes. Il était dirigé par J. Kulaj.

choix désigna sur l'évêque Jozef Glemp. Le 6 juillet, le Saint-Père écrivit une lettre à l'Église polonaise annonçant la nomination du nouveau primat. L'état de santé du pape s'améliora au point que les médecins commencèrent à penser à la seconde opération pour fermer la colostomie de protection. La plupart des médecins auraient préféré renvoyer l'intervention, étant donné que l'organisme du patient était encore très faible. Le Saint-Père était au contraire d'avis qu'il ne fallait pas retarder l'opération ; il voulait en fait sortir de l'hôpital complètement rétabli.

Le 10 juillet, il souffrit d'une détérioration et l'on découvrit un œdème pulmonaire avec une relative complication due toujours, de l'avis des docteurs, à la présence du *cytomegalovirus*. Je dois ici souligner l'énorme sacrifice et la sollicitude des médecins de la Polyclinique et du Vatican. Une gratitude particulière va aux infirmières et aux sœurs ancillaires du Sacré-Cœur de Jésus.

Le 16 juillet, jour de la Madone du Carmel, la crise fut finalement surmontée et l'on assista à une amélioration générale de l'état de santé du pape. Celui-ci recommença à s'occuper des affaires quotidiennes avec une vitalité renouvelée. Avec l'archevêque Jozef Tomko, il travailla sur le programme du futur synode ; il suivait les travaux de la curie, recevant chaque jour le cardinal Casaroli, l'archevêque Martinez et d'autres responsables des dicastères, et se tenait au courant des nouvelles politiques, particulièrement de la situation en Pologne.

Le 20 juillet commença le procès de l'auteur de l'attentat. Il s'agissait d'une question délicate pour le pape et pour le Saint-Siège : le pape avait pardonné au coupable, mais les organes de justice italiens étaient tenus d'agir selon les obligations de la loi.

Le 23 juillet, le Saint-Père prit part à la consultation médicale et présenta son point de vue au sujet du traitement, en demandant que les médecins en tiennent compte. Avec fermeté, il insista pour être opéré de manière à pouvoir retourner chez lui en étant pleinement efficace. Les médecins étaient perplexes, mais n'exclurent pas la possibilité de la seconde intervention. Le professeur Crucitti souligna notamment qu'il était nécessaire de tenir compte de la volonté du patient.

Le Saint-Père se sentait de mieux en mieux, bien que les défenses de l'organisme fussent encore faibles. Il était toujours très actif en dépit du fait qu'il se trouvait en milieu hospitalier. Il commençait la journée avec la récitation du Petit office et des prières du matin, puis se livrait à une méditation ; ensuite venaient les visites médicales, la récitation du bréviaire, la réception des hôtes officiels et occasionnels. Bien entendu, il recevait aussi des amis venus de Pologne. Dans les entretiens, il abordait souvent les thèmes fondamentaux de la vie de l'Église et les problèmes des différents domaines de la science et de la culture. Le soir, le Saint-Père concélébrait la messe à laquelle participait régulièrement un groupe d'invités. Au cours des derniers jours arrivèrent à la Polyclinique de nombreux pèlerins : des groupes paroissiaux et folkloriques, des chœurs ou de simples citoyens. Le pape les saluait de sa fenêtre en leur donnant sa bénédiction apostolique.

Le 31 juillet la décision concernant la seconde intervention devait être prise. Après une discussion animée fut établie la date du 5 août. Ce fut le pape lui-même qui choisit pour cette intervention le jour où l'on commémore Notre-Dame des Neiges. L'opération commença à 7 heures et dura une heure ; elle fut exécutée de nouveau par le professeur Crucitti assisté d'autres professeurs. Tout se passa bien ; l'intervention fut réellement utile au pape et lui permit de poursuivre sa vie dans des conditions normales. Durant l'opération, ses plus proches collaborateurs célébrèrent la messe dans la chapelle de l'hôpital.

Le 6 août, le pape put déjà se lever et marcher dans sa chambre, et le même jour, il reçut la visite du nouveau primat polonais Glemp et de l'évêque Bronislaw Dabrowski, avec lesquels il célébra la messe en souvenir de Paul VI à l'occasion de l'anniversaire de sa mort. Au cours des journées suivantes, il y eut un retour progressif à la normale sans autres complications.

Le 10 août, on commença à parler du retour du pape chez lui. De plus en plus fréquemment, depuis la fenêtre de l'hôpital, le pape saluait des groupes de pèlerins, surtout polonais. À part les problèmes de l'Église, il était préoccupé par la situation en Pologne d'où arrivaient les nouvelles de manœuvres militaires, des protestations de *Solidarnosc* et de la convocation du plenum du Comité central[7].

---

7. En août 1981 tombait le premier anniversaire des accords entre le gouvernement communiste et le syndicat autonome *Solidarnosc*. En Pologne régnait un état de tension socio-politique particulière qui se prolongea durant les mois suivants jusqu'à la dramatique proclamation de l'état de siège qui eut lieu le 13 décembre. (N.d.T.)

Le 13 août, les médecins se réunirent et, après la consultation, publièrent un communiqué dans lequel ils déclaraient la fin de la période d'hospitalisation et annonçaient le retour du Saint-Père dans sa résidence.

Acte de remerciement

Le 14 août de bon matin, après les prières et l'adoration, le pape s'adressa aux malades hospitalisés, et prit congé des professeurs et du personnel médical qui avait pris soin de lui. À l'entrée de la Polyclinique et devant l'édifice, s'était assemblée une grande foule de personnes, parmi lesquelles de nombreux journalistes. Le Saint-Père bénit à nouveau les médecins, puis fut conduit en voiture au Vatican ; après avoir traversé la place Saint Pierre, il se dirigea vers la basilique. Dans la cour de Saint-Damase, il s'adressa aux cardinaux et au personnel de la Curie avec ces paroles : « Je suis allé rendre hommage à l'apôtre saint Pierre dans son sanctuaire pour le remercier d'avoir voulu maintenir son successeur encore un peu, malgré tous les risques. Puis j'ai visité aussi les tombes de mes prédécesseurs et j'ai pensé qu'il y aurait pu en avoir une de plus[8]. »

Le 15 août, jour de la solennité de l'Assomption, fut le premier jour depuis l'attentat où le Saint-Père put se sentir libéré des médecins et de l'hôpital. Des dizaines de milliers de personnes se rassemblèrent sur la place Saint-Pierre pour participer à la prière de l'Angélus avec le Pape. Ce fut la fin de ce grand drame où il avait fait l'expérience de la bonté, de l'attention et

---

8. « Al rientro del Papa in Vaticano », 14 août 1981, *in La traccia*, n° 8/1981, p. 500.

de la protection de la Très Sainte Mère. C'est ainsi que le Saint-Père le vécut alors et continue à le vivre aujourd'hui. Lorsque, au bout de quatre mois, il retourna place Saint-Pierre pour rencontrer de nouveau les fidèles durant l'audience générale, il remercia tout le monde pour les prières et confessa : « Et de nouveau, je suis devenu débiteur de la Très Sainte Vierge et de tous les saints patrons. Pourrais-je oublier que l'événement de la place Saint-Pierre a eu lieu au jour et à l'heure où, depuis plus de soixante ans, on rappelle à Fatima, au Portugal, la première apparition de la Mère du Christ aux pauvres petits paysans ? Puisque, dans tout ce qui m'est arrivé justement ce jour-là, j'ai senti cette extraordinaire protection et attention maternelle qui s'est avérée plus forte que le projectile meurtrier[9]. »

Don et mystère

Le don fut le retour quasiment miraculeux du Saint-Père à la vie et à la santé. L'attentat resta par contre, selon la perspective humaine, un mystère. Ni le procès ni le long séjour en prison de l'auteur de cet attentat, ne suffirent à en éclaircir la dynamique. J'étais présent lorsque le pape visita Ali Agca en prison. Il lui avait pardonné publiquement déjà dans son premier discours. Par contre, je n'ai pas entendu demander pardon de la part de l'auteur de l'attentat, lequel était seulement intéressé par le mystère de Fatima et troublé par la force qui l'avait surpassé : il avait tiré avec

9. « Audience générale », *in La traccia*, n° 9/1981, p. 578.

précision, mais la victime était encore en vie. Durant l'année du grand Jubilé, le Saint-Père envoya une lettre au président de la République italienne dans laquelle il demandait la libération d'Agca; le président Ciampi y consentit. Le Saint-Père accueillit cette nouvelle avec soulagement. À diverses reprises, il reçut la mère et la famille de l'auteur de l'attentat, et souvent il demanda de ses nouvelles aux aumôniers de la prison.

Le mystère, dans une perspective spirituelle, est tout l'événement dramatique qui a miné la santé et les forces du pape, mais qui en même temps a influé de façon féconde sur son service apostolique dans l'Église et dans le monde. Je me rappelle qu'une fois il admit: « Cela a été une grande grâce de Dieu. J'y aperçois une analogie précise avec l'internement du primat[10]. Mais cette expérience-là avait duré trois ans; celle-ci au contraire... »

Je crois qu'il n'est pas exagéré d'utiliser dans ce cas le vieil adage: *Sanguis martyrum semen christianorum.* Peut-être était-il justement nécessaire que ce sang fût versé sur la place Saint-Pierre, sur le lieu du martyr des premiers chrétiens. Dans ce contexte, il me vient quatre réflexions

Avant tout, le premier fruit de ce sang versé fut sans doute l'union de toute l'Église dans la grande prière pour le salut du pape; durant toute la nuit qui suivit l'attentat, les pèlerins arrivés pour l'audience et une multitude de Romains prièrent sur la place

10. Le cardinal Wyszynski fut arrêté le 25 septembre 1953 dans le cadre des répressions exercées par le régime communiste contre l'Église, malgré l'accord conclu en 1950 entre l'État polonais et l'Église catholique. Le primat fut interné jusqu'au 26 octobre 1956 (N.d.T.).

Saint-Pierre. Au cours des jours qui suivirent, dans les cathédrales, dans les églises et dans les chapelles du monde entier furent célébrées des messes et des prières. Le Saint-Père lui-même le rappela par ces paroles : « Il m'est difficile de penser à tout ceci sans émotion. Sans une profonde gratitude pour tous. Envers tous ceux qui, le jour du 13 mai, se sont réunis en prière. Et envers tous ceux qui ont persévéré dans la prière pendant tout ce temps. Je suis reconnaissant pour cette prière aux hommes, mes frères et sœurs. Je suis reconnaissant à notre Seigneur le Christ et à l'Esprit Saint lequel, à travers cet événement (qui a eu lieu sur la place Saint-Pierre le 13 mai à 17 h 17), a inspiré tant de cœurs en vue d'une prière commune. Et pensant à cette grande prière, je ne peux pas oublier les paroles des *Actes des Apôtres* qui se réfèrent à Pierre : "La prière ardente de l'Église montait sans relâche vers Dieu à son intention" (Ac 12,5)[11] ».

En ces jours-là arrivèrent aussi des manifestations de sympathie de la part de nombreux milieux non liés directement à l'Église : de chefs d'État, de représentants d'organisations internationales et de divers organes politiques et sociaux du monde entier. Ces sentiments exprimés alors paraissent avoir contribué à former le grand respect que jusqu'à la fin les chefs d'État, des nations et des organisations supranationales vouaient au Saint-Père comme autorité morale.

L'attention pour la vie et la santé du pape se manifesta non seulement à l'intérieur de l'Église catholique, mais également dans les communautés d'autres

11. « Audience générale », in *La traccia*, n° 9/1981, p. 580.

confessions et même d'autres religions. Je me rappelle que, au Secrétariat pour l'Unité des chrétiens, parvinrent des centaines de télégrammes émanant de leurs représentants. De Constantinople arriva un envoyé spécial du patriarche Démétrios afin d'exprimer sa profonde participation aux souffrances de l'évêque de Rome. Il y eut des télégrammes des patriarches de Moscou, de Jérusalem, du patriarcat arménien et de nombreuses autres Églises orthodoxes. Il y eut aussi des télégrammes du primat de la Communion anglicane, ainsi que des responsables de nombreuses communautés protestantes. Je suis profondément convaincu que les souffrances du pape ont beaucoup apporté à l'œuvre de l'unité des chrétiens, à laquelle il s'est tant dévoué.

J'ai déjà rappelé que, en ce jour mémorable, une grande manifestation des partisans du droit à l'avortement était prévue à Rome. Elle fut cependant annulée à la suite de l'attentat. Dans les desseins de la Providence, le hasard n'existe pas. Peut-être ce sang innocent et cette lutte désespérée pour la vie étaient-ils nécessaires pour que s'éveillent dans l'esprit des personnes la conscience de la valeur de la vie et la volonté de la protéger depuis le début jusqu'à sa fin naturelle. La création, le même jour, du Conseil pontifical pour la Famille et de l'Institut pontifical d'études sur le Mariage et la Famille auprès de l'Université du Latran semble confirmer cette intuition. Indépendamment du contexte concret des droits et des usages en matière de respect de la vie dans la société contemporaine, on peut affirmer que l'engagement du Saint-Père et de l'Église en faveur de la famille et de la vie a reçu ce jour-là une impulsion nouvelle et une motivation existentielle.

Sûrement pourrait-on approfondir le mystère de l'attentat et de la lutte pour la vie et le salut du Saint-Père, riches de fruits toujours nouveaux, identifiables encore à vingt ans de distance. J'ai toutefois l'impression que sa signification ultime se cache dans l'insondable volonté de la Providence divine. Je désire donc exprimer ici ma profonde conviction que le sang répandu sur la place Saint-Pierre en ce 13 mai a permis le printemps de l'Église de l'an 2000. Pour ce don et pour ce mystère, je ne cesse de remercier Dieu qui m'a permis d'en être le témoin oculaire.

Je termine par une citation du poème *Stanislao* du cardinal Wojtyla : « Si la Parole n'a pas converti, ce sera le sang qui convertira[12]. »

12. Le poème, écrit par celui qui était alors le cardinal Wojtyla à l'occasion du 900e anniversaire de la mort de saint Stanislas, évêque de Cracovie et martyr, fut publié dans le n° 7-8 de la revue *Znak* en 1979. Dans le morceau qui précède la citation rapportée ici, on lit : « Je veux décrire mon Église à travers un homme qui se prénommait Stanislao [...]. Je veux décrire mon Église à travers le nom pour lequel le peuple/reçut un second baptême, / un baptême de sang ; pour être ensuite soumis, et pas une fois seulement, / au baptême d'épreuves diverses [...]. / Si la Parole n'a pas converti, ce sera le sang sui convertira ; / peut-être le temps manqua-t-il à l'évêque pour penser : / éloigne de moi ce calice. » (N.d.T.)

Jean-Paul II et l'esprit d'Assise

Vincent PAGLIA

Dans le sillage du concile

Jean-Paul II a toujours cherché la discussion avec les religions non chrétiennes dans le sillage du concile, comme il le rappelle lui-même dans son livre d'entretiens à propos du document sur le rapport entre le christianisme et les religions non chrétiennes (*Nostra Aetate*) : « Nous pouvons affirmer – écrit-il – qu'ici (c'est-à-dire dans le rapport avec les religions non chrétiennes) la position du concile est inspirée d'une sollicitude véritablement universelle. L'Église se laisse guider par la foi en ce que le Dieu Créateur veut sauver tous les hommes en Jésus Christ, unique médiateur entre Dieu et les hommes... » Et il conclut : « Au lieu de nous émerveiller du fait que la Providence permette l'existence d'une si grande variété de religions, nous devrions plutôt nous étonner des nombreux éléments communs que l'on relève dans cette variété. » C'est dans cette perspective que Jean-Paul II a constamment encouragé le dialogue avec les autres religions, refusant fermement tout type de relativisme ou de syncrétisme et sollicitant une compréhension plus profonde du lien qui existe entre la religiosité, le dialogue et la paix.

Avec la déclaration *Nostra Aetate* s'ouvraient en effet de nouveaux horizons pour l'Église. C'est ce que notait aussi le philosophe catholique Jacques Maritain qui parla à ce propos d'un « renouveau essentiel », d'un « grand retournement intérieur », lequel consistait précisément « dans un changement d'attitude ou un déplacement des valeurs... qui porte avant tout sur une façon de voir (les non-chrétiens) par rapport à Dieu et sur une façon de les aimer beaucoup mieux, en conformité plus réelle et plus profonde avec l'esprit de l'Évangile. » Le pape Paul VI, dans son discours d'ouverture du synode de 1974 sur l'évangélisation, affirmait : « Nous ne pouvons omettre de mentionner les religions non chrétiennes ; puisqu'elles ne doivent plus être considérées comme des rivales ou comme des obstacles à l'évangélisation, mais comme des zones de vif et respectueux intérêt, ainsi que d'amitié future et déjà initiée. » Il s'agissait de nouer un nouveau rapport. Ce ne fut pas très facile. Et il y eut des exagérations, voire des déviations, comme penser que toutes les religions étaient égales. La théologie elle-même était un peu en retard dans ce camp, et il fut nécessaire d'entreprendre des recherches nouvelles et plus approfondies. En tout cas, grâce au « nouveau regard » sur les religions non chrétiennes promu par le concile, se développèrent des rapports féconds d'amitié avec les responsables des diverses religions du monde.

Jean-Paul II, profondément immergé dans l'histoire de la fin du millénaire, eut l'intuition que la rencontre avec les religions non chrétiennes devait être l'une des priorités de son ministère pastoral. Il ne faut pas oublier que le monde se trouvait encore dans le climat de la guerre froide et Wojtyla connaissait bien la situation dramatique dans laquelle vivaient tant de pays, surtout européens, sous le poids de la domination communiste. De plus, le danger nucléaire pesait de façon sinistre sur la vie de la planète entière : pour la première fois dans l'histoire, en effet, l'homme avait la capacité de détruire la planète entière. Dans une intuition prophétique – précisément alors qu'il apparaissait inévitable que seules les deux grandes puissances fussent en mesure de dénouer les conflits ou de les provoquer, et en définitive d'apporter la paix ou de la menacer sérieusement –, Jean-Paul II vit la possibilité que se libèrent de nouvelles énergies de paix à partir d'autres mondes, en particulier à partir des religions.

Une occasion propice lui fut offerte avec la proclamation, par l'ONU, de l'année 1986 comme l'*Année internationale de la Paix*. Le pape voulait offrir une contribution extraordinaire à cette année. Un jour, dans une rencontre familière, il dit : « Peut-être pourrait-on convoquer les représentants des grandes religions mondiales pour demander à Dieu cette paix que les hommes ne savent pas se donner. » L'idée était originale et absolument extraordinaire. Mais il fallait avant tout sonder les responsables des diverses religions. Le pape pouvait-il les convoquer ? Et où ? Les bureaux de la Curie romaine, en particulier les dicastères de l'Œcuménisme, du Dialogue interreligieux et celui de la Justice et de la Paix engagèrent une consultation entre les responsables des différentes confessions chrétiennes et des autres religions. Les réponses furent positives : les responsables des diverses Églises et Communautés chrétiennes acceptèrent l'initiative, même si la présence des non-chrétiens les laissait perplexes. Les représentants des autres religions répondirent favorablement sans objection aucune. La décision fut prise: l'événement allait avoir lieu. Mais où? Il n'était pas facile de trouver un « haut lieu » où tous pourraient se sentir « chez eux ». Assise obtint l'approbation de tous. La ville de saint François recevait comme une nouvelle vocation: devenir la ville de la paix. La préparation de l'événement ne fut pas simple, notamment du point de vue de l'organisation. Il s'agissait d'un événement extraordinaire entre tous: le premier de son genre dans l'histoire. Je me rappelle encore l'intérêt du pape pour la rencontre avec le premier leader musulman, le Grand Mufti de Syrie, Kuftaro, au cours de l'année 1985. C'est précisément à lui que l'on demanda le premier avis concernant la rencontre. La réponse fut plus que favorable. À partir de ce moment, le pape chercha à préparer l'événement d'Assise par quelques initiatives bien avisées.

La visite aux jeunes musulmans du Maroc

Le premier de ces événements fut la visite au Maroc, le 19 août 1985. Invité par le roi Hassan II, qui avait participé comme jeune homme à différentes rencontres avec Giorgio La Pira, Jean-Paul II affronta courageusement ce monde. Le discours qui s'adressait à 80 000 jeunes musulmans fut préparé avec soin. Le pape commençait par la profession de foi en un Dieu unique et créateur: « Chrétiens et musulmans, nous avons beaucoup de choses en commun, comme croyants et comme hommes. Nous vivons dans le même monde, marqué par de nombreux signes d'espérance, mais aussi par de multiples signes d'angoisse. Abraham est pour nous un même modèle de foi en Dieu, de soumission à sa volonté et de confiance en sa bonté. Nous croyons au même Dieu, le Dieu unique, le Dieu vivant, le Dieu qui crée les mondes et porte ses créatures à leur perfection. » Il rappelait ensuite l'attitude de l'Église envers les musulmans : « L'Église catholique pour sa part, il y a vingt ans, lors du Deuxième Concile du Vatican, s'est engagée dans la personne de ses Évêques, c'est-à-dire de ses chefs religieux, à rechercher la collaboration entre les croyants. Elle a publié un document sur le dialogue entre les religions (*Nostra aetate*). Elle affirme que tous les hommes, spécialement les hommes de foi vivante, doivent se respecter, dépasser toute discrimination, vivre ensemble et servir la fraternité universelle (cf. document cité, n. 5). L'Église manifeste une attention particulière pour les croyants musulmans, étant donné leur foi au Dieu unique, leur sens de la prière et leur estime de la vie morale (cf. *ibid.*, n. 3). Elle souhaite "promouvoir ensemble, pour tous les hommes, la justice sociale, les valeurs morales, la paix, la liberté" (*Ibid.*). »

Le texte continuait par la profession de foi en un Dieu créateur, juge miséricordieux. Arrivé à ce point, le pape exhortait les jeunes à s'engager pour la construction d'un monde nouveau : « Le dialogue entre chrétiens et musulmans est aujourd'hui plus nécessaire que jamais. [...] Les jeunes peuvent construire un avenir meilleur s'ils mettent d'abord leur foi en Dieu et s'ils s'engagent à édifier ce monde nouveau selon le plan de Dieu, avec sagesse et confiance. » Et en les intégrant dans ce mouvement de la jeunesse tel que lui-même le concevait, il ajoutait: « vous voulez la justice et la paix. "La paix et les jeunes marchent ensemble", comme je l'ai dit dans mon message pour la Journée mondiale de la Paix cette année. Vous ne voulez ni la guerre ni la violence. Vous savez le prix qu'elles font payer aux innocents. Vous ne voulez pas non plus l'escalade des armements. Cela ne veut pas dire que vous voulez la paix à n'importe quel prix. La paix va de pair avec la justice. Vous ne voulez l'oppression pour personne. Vous voulez la paix dans la justice. » Il rappela ensuite la valeur de la personne humaine, qui implique un engagement envers toutes les situations de souffrance et de difficulté. Pour Jean-Paul II, la fraternité dans le respect des différences, la justice et la paix sont quelques-unes des valeurs qui relèvent de la responsabilité des jeunes. La conclusion était une considération affligée sur l'homme spirituel dont le monde a aujourd'hui besoin. Ici Jean-Paul II évoqua l'Église et de la foi en Jésus de Nazareth, Seigneur et Sauveur. Le voyage trouva un large écho, surtout dans les pays islamiques, et aplanit le chemin vers Assise.

La visite à la synagogue de Rome

L'autre événement fut la visite au Temple majeur de Rome (la Synagogue). Le fil rouge qui lie Wojtyla au judaïsme débute à la fin de sa jeunesse et se déroule tout au long de son pontificat jusqu'à sa mort. Lors de sa visite à *Yad Vashem*, rappelant les amis juifs de sa jeunesse, il dit : « J'ai moi-même des souvenirs personnels de tout ce qui est arrivé lorsque les nazis occupèrent la Pologne durant la guerre. Je me rappelle mes amis et voisins juifs dont quelques-uns sont morts, alors que d'autres ont survécu. » Et dans son testament il cite le « Rabbin de Rome » – le seul à être cité outre son secrétaire, Mgr Stanislaw Dziwisz – avec lequel il était particulièrement lié (il voulait à tout prix qu'il reçoive la licence *honoris causa* dans « son » université de Lublin).

Avec la visite à la synagogue de Rome se scella une nouvelle orientation de l'attitude de l'Église envers les juifs. C'était le 13 avril 1986 et, pour la première fois depuis saint Pierre, un pape visitait la synagogue de Rome. Ce fut un événement qui bouleversa aussi bien le monde catholique que le monde juif. Le rabbin Toaff raconte la surprise que lui causa la demande de la visite et ses coups de téléphone immédiats et fébriles pour connaître l'avis des autres rabbins européens, qui d'ailleurs fut unanimement positif. Ce jour-là, devenu historique, Toaff tint un discours vigoureux et clair, aussi courageux que celui de Wojtyla, interrompu par sept salves d'applaudissements des fidèles présents. Ces applaudissements furent particulièrement retentissants lorsque Jean-Paul II, d'une voix ferme, martela la condamnation de toute forme d'antisémitisme manifestée par quiconque dans le passé ou à l'heure actuelle.

On pourrait dire qu'au bout de deux mille ans un mur tombait définitivement ; et Jean-Paul II pouvait affirmer, au cœur même de la communauté juive romaine, avec une force et une clarté encore plus grande : « La religion juive ne nous est pas "extrinsèque" mais, d'une certaine manière, elle est "intrinsèque" à notre religion. Nous avons donc envers elle des rapports que nous n'avons avec aucune autre religion. Vous êtes nos frères préférés et, d'une certaine manière, on pourrait dire nos frères aînés. » D'autres documents de l'Église mettent en lumière le caractère unique de la relation judéo-chrétienne ; la preuve la plus visible est cette image du vieux pontife, seul devant le Dieu des Pères, au *Kotel*, confiant sa prière aux pierres de Sion. Cette lettre remise à Dieu à travers ces pierres sanctionne la conscience désormais mûre d'une relation qu'on ne peut plus interrompre.

Rencontre avec l'hindouisme et les autres religions en Inde

Parmi les rencontres avec les autres religions, il convient de rappeler le voyage de février 1986 en Inde. Le pape commença ce voyage par la visite au monument du Mahatma Gandhi à qui il accorda une importance particulière, comme il n'avait jamais fait avec aucun autre dirigeant religieux : il l'appela « père de la nation », « héros de l'humanité ». Par deux fois, il rapporta les paroles de Nehru sur Gandhi : « La lumière qui a brillé dans ce pays n'a pas été une lumière comme les autres. » Il souligna certains aspects de l'enseignement et de la vie qui avaient pour fondement la primauté de l'esprit et la « vérité-force » (*Satyagraha*). Jean-Paul II en rapprocha la spiritualité de celle des Évangiles, en citant les Béatitudes. En s'adressant ensuite aux hindous, mais également aux pratiquants des autres religions présents (bouddhistes et sikhs), il parla de ce pays comme du berceau d'antiques traditions religieuses, en soulignant la grande mission qu'il avait dans le monde contemporain : « La plus grande contribution de l'Inde au monde peut être celle de lui offrir une vision spirituelle de l'homme. » Le caractère central de l'homme dans l'œuvre créatrice de Dieu devenait un motif de recherche de la vérité, de développement de la paix et de la justice, de la construction d'un monde nouveau.

Dans cette recherche, Jean-Paul II vit un grand facteur de dialogue et de collaboration entre les catholiques et les religions de l'Inde. De manière prophétique, le concile Vatican II avait vu dans le monde la « naissance d'un nouvel humanisme où l'homme se définit par sa responsabilité envers ses frères et envers l'histoire ». Cette perspective inspira la seconde partie du discours du pape aux pratiquants des différentes religions de l'Inde : il souligna l'engagement à s'attaquer aux problèmes de la pauvreté et des conditions de vie inhumaines comme soutien indispensable pour une vision spirituelle cohérente de l'homme. De ce point de vue, il paraissait évident que les chrétiens étaient appelés à une responsabilité commune avec les pratiquants des autres religions. Et le pape indiquait le dialogue comme voie de la collaboration : « Le fruit du dialogue, continua-t-il, est l'union entre les hommes et l'union des hommes avec Dieu qui est source et révélation de toute la vérité et dont l'Esprit guide les hommes vers la liberté seulement lorsqu'ils se rencontrent mutuellement en toute honnêteté. »

Assise: prière, paix et unité de la famille humaine

Durant le second semestre de l'année 1985 avait été prise la décision définitive de tenir la rencontre d'Assise. Le pape choisit d'en faire l'annonce publique le 25 janvier 1986 à la fin de la prière pour l'unité des chrétiens dans la basilique Saint-Paul-hors-les-Murs. À cette occasion, il annonça une « rencontre spéciale de prière pour la paix à Assise », rappelant qu'« aucun chrétien, voire aucun être humain qui croit en Dieu Créateur du monde et Seigneur de l'histoire, ne peut rester indifférent à un problème qui touche aussi intimement le présent et l'avenir de l'humanité ». Il invita donc tous ceux qui croyaient en Dieu à s'unir « dans une prière insistante et fervente pour implorer Dieu afin qu'il accorde aux hommes le grand don de la paix. Le Saint-Siège désire contribuer à susciter un mouvement mondial de prière pour la paix qui, dépassant les frontières des nations individuelles et impliquant les croyants de toutes les religions, en arrive à embrasser le monde entier. En cette occasion solennelle, je désire annoncer à ce sujet que je suis en train d'engager d'opportunes consultations [...] pour promouvoir [...] une rencontre spéciale de prière pour la paix, dans la ville d'Assise [...] dans laquelle le mouvement spirituel susmentionné trouvera l'un de ses moments les plus significatifs et les plus élevés ».

Le 4 octobre, depuis l'amphithéâtre des Trois Gaules de Lyon, il lança un appel pour une trêve universelle: « C'est pourquoi, en ce jour de la fête de saint François, apôtre de la paix évangélique, de cette ville de Lyon, [...] je désire lancer solennellement à toutes les Parties en conflit dans le monde un appel ardent et pressant pour qu'elles observent, au moins durant toute la journée du 27 octobre, une trêve complète des combats. Je lance avec confiance cet appel, car je crois à la valeur et à l'efficacité spirituelle des signes. » On comprend toute la charge symbolique que Jean-Paul II conférait à l'événement d'Assise.

Le 27 octobre arriva. Au cours de la soirée précédente, Assise était déjà en pleine effervescence en raison de l'arrivée des cent vingt-quatre représentants. Arrivèrent les délégations chrétiennes : la délégation catholique avec le pape et de nombreux cardinaux et évêques ; la délégation orthodoxe avec le Patriarcat œcuménique de Constantinople et le Patriarcat d'Antioche, les Églises orthodoxes de Moscou, de Géorgie, de Roumanie, de Bulgarie, de Tchécoslovaquie et de Finlande, le Patriarcat syrien d'Antioche, le Catholicossat arménien d'Etchmiadzine, de Cilicie, l'Église syrienne de l'Inde et l'Église assyrienne d'Orient. Parmi les Communions chrétiennes mondiales et Organisations arrivèrent l'Union d'Utrecht, la Communion anglicane avec le Primat de Canterbury, Runcie, et d'autres archevêques ; la Fédération mondiale des Églises réformées, le Conseil méthodiste mondial, les *Disciples of Christ*, l'Alliance baptiste mondiale, le Conseil œcuménique des Églises, le *Reformed Ecumenical Synod*, la *Mennonite World Conference*, les Quakers, la *World Young Women's Christian Association* et la *World Young Men's Christian Association*, l'*International Association for Religious Freedom*. Les délégations des autres religions étaient nombreuses aussi. D'abord, le judaïsme avec le Grand Rabbin de Rome,

Toaff; l'islam avec de nombreux représentants provenant de divers pays du monde musulman, du Maroc à la Libye, de l'Arabie Saoudite au Kenya, du Pakistan à la Côte d'Ivoire ; le bouddhisme tibétain avec le Dalaï Lama, le bouddhisme du Mahayana avec le vénérable Yamada et le révérend Nwano du Risso Kosekaï, ainsi que d'autres dénominations ; l'hindouisme, le jaïnisme, le sikhisme, le shinto, le zoroastrisme, ainsi que les pratiquants des religions traditionnelles. Pour la première fois dans l'histoire, une représentation aussi nombreuse et variée se réunissait en un même lieu afin de demander la paix pour le monde. La présence d'environ sept cents journalistes donnait à l'événement une importance mondiale qu'il eut en effet.

Tôt dans la matinée du 27 octobre, le pape commença sa journée personnelle par la célébration de l'Eucharistie chez les clarisses à qui il demandait de s'unir « aujourd'hui de façon spéciale à ces intentions, de concert avec moi et avec toute l'Église. Sentez-vous particulièrement impliquées, au moyen de votre prière et de l'offre de vous-mêmes, pour la bonne réussite de cette rencontre d'Assise. » Vers les 10 heures, le pape accueillit, à la porte de la basilique de Sainte- Marie des Anges, les diverses délégations. Tous prirent place dans les soixante-cinq fauteuils disposés devant la Portioncule – le lieu de la mort de saint François. Là commençait la journée de prière pour la paix. La nouvelle que presque toutes les guérillas de la planète avaient accepté un jour de trêve fut connue de tous les participants et fit pénétrer dans l'esprit de tous l'idée que la paix était possible. L'image des chefs religieux devant cette chapelle reste inoubliable. La rencontre

– comme le pape le clarifia tout de suite – n'était pas une conférence interreligieuse où l'on discutait de plans de paix, mais seulement une « invitation au monde à prendre conscience d'une dimension transcendante de la paix et d'une autre façon de la promouvoir, par-delà les négociations, les compromis politiques ou les marchandages économiques ». C'est « le résultat de la prière qui, même à travers les diversités des religions, exprime un rapport avec un pouvoir suprême qui dépasse nos capacités humaines à lui seul ». Dès le début, le pape clarifia l'horizon dans lequel se situait la journée : un horizon spirituel, sans aucun syncrétisme, et avec une exhortation à chacun de « puiser dans ses ressources les plus profondes et les plus vivifiantes, où se forme sa conscience et sur lesquelles se fonde l'action de chaque peuple ».

De la Portioncule, tous les chefs religieux partirent pour se rendre dans la ville. Il n'y avait pas de voitures particulières pour eux. Ils montèrent tous ensemble dans des cars de tourisme comme pour montrer l'unité des intentions de cette journée. Arrivée en ville, chaque délégation se rendit vers l'un des douze lieux (quelques églises ou salles) prévus pour la prière selon leurs traditions respectives. Les juifs se rassemblèrent en plein air sur une place où une pierre rappelle encore aujourd'hui cette singulière prière. Les chrétiens des diverses confessions se réunirent tous ensemble dans la cathédrale San Rufino. Ce fut un moment particulièrement fort ; toutes les Églises et communautés chrétiennes étaient représentées, et l'on vit émerger – peut-être comme jamais auparavant, y compris en ce qui concerne la confrontation avec les autres religions

– le patrimoine spirituel commun. Je me rappelle que, à la fin de la journée l'Archevêque de Canterbury s'exprima à peu près en ces termes: « Aujourd'hui il est clair que, s'il doit y avoir un premier parmi les chrétiens, cela ne peut être que l'Évêque de Rome. »

La ville de saint François rassembla, comme dans une unité spirituelle, toutes ces prières qui s'étaient tenues en des lieux divers, bien que voisins géographiquement et spirituellement. Au terme des prières de chacune des religions se forma une procession qui traversa les rues d'Assise et qui grandissait, à mesure que l'on passait à côté des lieux où s'étaient tenues les prières, pour accueillir les divers participants. Tous se rejoignirent sur le parvis inférieur de la basilique. Là, les représentants de chaque groupe prirent place sur un vaste podium au centre duquel, devant un petit pupitre, les diverses traditions religieuses se succédèrent dans la prière. Ce n'était pas une prière en commun (comme cela avait été dit à plusieurs reprises), mais chacun assistait à la prière de l'autre, avec respect et attention. Sur cette place convergèrent les grandes traditions spirituelles des différents peuples, faisant rêver les chrétiens (tout comme les juifs) à cette prophétie d'Isaïe qui annonce le jour où tous les peuples se rassembleront sur le mont Sion pour prier le Dieu unique. Il est certain que tous les participants vécurent, de concert avec une grande foule, une journée mémorable par l'expérience spirituelle.

Ce qu'est l'« esprit d'Assise »

Dans cet extraordinaire événement se manifesta la nouvelle attitude de l'Église catholique envers les grandes religions, et inversement. Pour la première fois dans l'histoire, un message unique partait de cette ville, malgré la diversité des *credo* ; les religions, dans la prière, s'étaient retrouvées les unes à côté des autres et, du plus profond de leur invocation et de leur tradition, vivaient et offraient un unique message de paix. La déclaration *Nostra Aetate* avait trouvé son illustration, comme le pape lui-même le dit au mois de décembre à la Curie à lors des vœux de Noël : « L'événement d'Assise peut être ainsi considéré comme l'illustration visible, une leçon de faits, une catéchèse intelligible par tous, de ce que présuppose et signifie l'engagement œcuménique pour le dialogue interreligieux recommandé et promu par le concile Vatican II. »

L'intuition de la rencontre venait du plus profond du cœur de Jean-Paul II : il ne s'agissait plus d'être les uns contre les autres, mais les uns à côté des autres. Il devait en être ainsi pour les religions : ne plus être les unes contre les autres, mais s'unir pour invoquer la paix. La prière et la paix furent les deux piliers sur lesquels reposait cet événement. La confiance commune des religions dans les énergies spirituelles et dans la force extraordinaire de la prière se manifestait sur la colline d'Assise. À la Curie, le mercredi précédent, Jean-Paul II avait expliqué que « la prière était le motif et l'unique contenu » d'Assise. Elle était née de la foi dont le pape disait qu'elle était la raison profonde qui l'avait incité à s'adresser aux représentants des Communautés ecclésiales et des religions du monde. Il s'exprimait ainsi dans son discours final: « Oui c'est la dimension de la prière qui, à travers la réelle diversité des religions, cherche à exprimer une communication avec une Puissance qui est au-dessus de toutes nos forces humaines. La paix dépend fondamentalement de cette puissance que nous appelons Dieu et qui, comme nous chrétiens le croyons, s'est révélée en Christ. Telle est la signification de cette journée de prière. » La prière était placée entre les « traces » et les « germes » du Verbe et les « rayons » de sa vérité.

Comme s'il avait l'intuition de la naissance de dangereuses équivoques, Jean-Paul II, avant de se rendre à Assise, expliqua que cette prière n'était pas une prière commune, mais une prière faite par les uns à côté des autres. « On ne peut certes prier ensemble, c'est-à-dire faire une prière commune, mais on peut être présent quand les autres prient; de cette manière, nous manifestons notre respect pour la prière des autres et pour leur attitude devant la Divinité; en même temps, nous leur offrons le témoignage humble et sincère de notre foi en Christ, Seigneur de l'univers. » Et le jour même à Assise, il dit: « Le fait que nous soyons venus ici n'implique aucune intention de rechercher un consensus religieux entre nous ou de négocier nos convictions. Il ne signifie pas que les religions puissent se réconcilier sur le plan d'un engagement commun dans un projet terrestre qui les dépasserait toutes. Et ce n'est pas non plus une concession au relativisme dans les consciences religieuses… »

Dans son discours de conclusion, le pape dit: « Peut-être jamais comme aujourd'hui, dans l'histoire de l'humanité, n'est devenu évident à tous le lien intrinsèque qui existe entre une attitude authentiquement religieuse et le grand bien de la paix... La prière est déjà une action en elle-même, mais ceci ne nous dispense pas des actions au service de la paix. » Et il poursuivit : « Ensemble nous avons rempli nos yeux de visions de paix : celles-ci libèrent des énergies pour un nouveau langage de paix, pour de nouveaux gestes de paix, gestes qui briseront les chaînes fatales des divisions héritées de l'histoire ou engendrées par les idéologies modernes. La paix attend ses artisans... ». De la colline d'Assise, dans un monde enfermé dans la guerre froide, le pape faisait un rêve : celui de la paix, en demandant qu'il devienne celui de tous. Il fallait que parte de cette colline un mouvement spirituel de prière pour la paix. L'exhortation du pape revenait à dire que, outre la diplomatie et la politique, il existe une autre façon de promouvoir et de chercher la paix : la prière. À Assise, il devenait évident pour tous les croyants, quelle que fût leur foi, qu'ils peuvent et doivent chercher la paix par l'intermédiaire de la prière.

Si la prière et la paix furent les deux pôles catalyseurs de la rencontre, il y avait cependant un horizon théologique bien évident pour les chrétiens : l'engagement pour l'unité de la famille humaine. Le pape lui-même l'expliqua à la Curie : « ... en cette journée, et dans la prière qui en était le motif et l'unique contenu, semblait pour un instant s'exprimer aussi visiblement l'unité cachée, mais radicale, que le Verbe divin "dans lequel tout fut créé et dans lequel tout subsiste" (Col 1, 16 ; Jn 1, 3) a établie entre les hommes et les femmes de ce monde, ceux qui maintenant partagent ensemble les angoisses et les joies de cette fin du vingtième siècle, mais aussi ceux qui nous ont précédés dans l'histoire et ceux qui prendront notre place… Le fait de nous être rassemblés à Assise pour prier, jeûner et marcher en silence… a été comme un signe limpide de l'unité profonde de ceux qui cherchent dans la religion des valeurs spirituelles et transcendantes en réponse aux grandes interrogations du cœur humain malgré les divisions concrètes. » L'Église se présentait au monde, et par conséquent aussi aux religions, comme Sacrement de l'unité du genre humain selon l'affirmation connue de l'encyclique *Lumen Gentium* que Jean-Paul II aimait souvent rappeler.

L'événement d'Assise reconnaissait, avec une longueur d'avance sur l'opinion commune, la force des religions et soulignait leur tâche significative dans la vie des hommes, comme le releva le même Jean-Paul II : « Les religions maintiennent vive la conscience de l'appartenance commune à la grande famille humaine… Elles doivent rappeler aux hommes de chaque peuple que, quelque différents qu'ils soient, ils sont tous frères. L'énergie de paix et la concorde qui peut jaillir des religions est un trésor précieux qui ne doit pas être caché ni écarté. Pauvres en moyens humains, les religions sont riches de cette aspiration à la communion entre les peuples qui trouve sa racine, précisément, dans le rapport sincère avec Dieu. En rappelant aux hommes et aux femmes de ce monde leur destin transcendant, les religions peuvent éduquer les hommes à marcher ensemble sans guerres ni oppositions. »

La prière qui eut lieu à Assise ne fut par une prière « interreligieuse », mais « multireligieuse », comme l'expliqua par la suite le cardinal Ratzinger, faisant de la rencontre d'Assise le modèle de ce mode de prière qui doit être résolument opposé à une impossible prière interreligieuse, laquelle d'ailleurs apporterait pas mal de confusion. Le cardinal expliquait : « À Assise, les fidèles de diverses religions se sont rassemblés. Ce qui leur est commun, c'est la souffrance causée par les angoisses et les misères du monde et par son manque de paix, ainsi que l'aspiration à l'aide d'en haut contre les forces du mal afin que puissent entrer dans le monde la paix et la justice. D'où la volonté de poser un signe public de cette aspiration, qui devrait secouer les hommes et renforcer la bonne volonté qui est la condition de la paix. » Et il est évident qu'une « telle prière multireligieuse ne peut être la norme de la vie religieuse, mais doit rester seulement comme un signe dans des situations extraordinaires… dans lesquelles s'élève un cri d'angoisse commun qui devrait secouer les cœurs des hommes et en même temps secouer le cœur de Dieu. Au cours de cette journée, en effet, on n'a pas mis ensemble les vérités dans une sorte d'irénisme vide et impossible. Ce qui a été mis en commun, c'est la condition de faiblesse face au drame de la guerre et la conviction que l'unique aide peut venir du Haut. Être ensemble, unis par la faiblesse commune et la foi en Dieu, c'est ce qui a été la clef de voûte de cette rencontre. On n'a pas mis sur le même plan les vérités des divers participants, mais la faiblesse et le besoin de salut qui sont communs à tous. »

Dans l'événement d'Assisse, on voit clairement la mission de l'Église qui est de réveiller dans les hommes la conscience de l'unité de la famille humaine qui doit se réaliser à l'intérieur de l'action salvatrice de Jésus Christ : « Ce mystère radieux de l'unité de création du genre humain – dit le pape à la Curie – et de l'unité de l'œuvre salvatrice de Jésus Christ, qui porte en soi la naissance de l'Église, comme dispensatrice et instrument, s'est manifesté clairement à Assise malgré les différences des professions de foi religieuses, nullement cachées ou atténuées. » Dans ce cadre, il est important de souligner que la dimension œcuménique s'est avérée particulièrement claire dans son évidence et forte dans son urgence. Les chrétiens, en effet, à la différence des croyants des autres religions, « prièrent ensemble » dans une unique Église et avec une unique prière. Et l'on put toucher du doigt, contrairement aux autres religions, la communion qui unissait les diverses confessions chrétiennes et l'urgence que cette unité s'accroisse afin d'être des témoins plus efficaces de l'Évangile. Cela, le pape le releva également : « La présence à Assise de nombreux représentants des Églises et Communions chrétiennes d'Orient et d'Occident a mis en évidence indubitablement un fruit des nouveaux rapports instaurés entre les chrétiens, et en même temps a permis de constater la possibilité et l'urgence d'accomplir de nouveaux pas vers la pleine réconciliation, le témoignage et le service commun rendu à l'humanité. »

Vingt-deux ans de chemin de l'« esprit d'Assise »

Après la rencontre d'Assise, des initiatives analogues se multiplièrent dans diverses parties du monde. En vérité, on peut dire que partout se sont libérées des énergies de prière et de paix dans la rencontre entre hommes et femmes de croyances diverses. L'« esprit d'Assise » c'est mettre son espoir dans le monde des religions enracinées dans leur propre identité, mais ouvertes à une attention universelle. Le dialogue dans l'« esprit d'Assise » ne comporte pas l'affaiblissement et encore moins la perte de sa propre identité. Il exige au contraire le maintien de cette identité. Jean-Paul II a répété plusieurs fois qu'il n'y a pas de dialogue sans une profonde identité, surtout dans un monde devenu complexe, multiculturel et multireligieux.

Le pape avait compris que, dans un monde comme celui-ci, le dialogue entre les hommes prenait de plus en plus un aspect décisif. « Il devrait être évident pour tout le monde que le dialogue interreligieux a atteint une urgence nouvelle et immédiate dans les circonstances historiques actuelles », disait-il au Conseil pontifical pour le Dialogue interreligieux en novembre 1992. Il était en effet urgent de promouvoir un dialogue qui signifiât la rencontre, la reconnaissance mutuelle, la connaissance pour établir des rapports de confiance réciproque afin de surmonter les vieilles méfiances et distances et se mettre conjointement à construire et défendre la paix dans le monde. Jean-Paul II attribua une grande signification à l'événement d'Assise. Lui-même allait en engager deux autres : en 1993 entre chrétiens, juifs et musulmans européens pour prier ensemble pour la paix dans les Balkans; et en janvier 2002 pour présenter une réponse forte aux attentats du 11 septembre 2001. La conclusion de ce dernier rassemblement fut particulièrement efficace, avec le cri: « Plus jamais la violence! Plus jamais la guerre! Plus jamais le terrorisme! Au nom de Dieu, puisse chaque religion apporter sur la terre la justice et la paix, le pardon et la vie, l'Amour! »

Jean-Paul II accepta l'idée que les rencontres aient lieu selon un rythme annuel. Il en décida lui-même ainsi, malgré certaines difficultés, en « confiant » d'une certaine manière la tâche à la Communauté Sant'Egidio. Et il suivit avec attention les rencontres que cette dernière organisa chaque année à partir de 1987. Au fil des ans, de ces rencontres tenues dans un climat de prière et d'amitié dans le respect des diversités a émergé toujours davantage la richesse humaine et spirituelle; les distances se sont réduites; dans les diverses cultures, on a encouragé l'éradication des racines de l'incompréhension, et les traditions religieuses ont désavoué les tragiques tentations de la guerre et de la violence. Des rencontres se sont établies, qui accueillent d'anciens et de nouveaux interlocuteurs: ce ne sont pas des théologiens, mais des personnalités qui, par leur autorité ou par leur histoire, représentent une communauté. Jean-Paul II n'a jamais manqué l'occasion d'envoyer aux participants un message significatif. Plus récemment, à Naples, Benoît XVI, a tenu à être personnellement présent au début de la rencontre en adressant son salut particulier aux participants.

Un survol rapide des rencontres de ces deux dernières décennies suffit à démontrer la force de cet itinéraire singulier. Après les deux premières étapes à Rome, celle de Varsovie fut significative ; elle se déroula le 1er septembre 1989, cinquante ans après le début de la seconde guerre mondiale. Des milliers de Polonais accueillirent les nombreux représentants religieux unis dans la réaffirmation énoncée avec force : « Jamais plus la guerre ! » Le pèlerinage à Auschwitz fut un moment très fort de cette rencontre. Pour la première fois, des représentants de diverses religions se recueillaient ensemble dans un camp d'extermination : juifs, chrétiens, musulmans, bouddhistes, hindouistes. Au camp de Birkenau, ils refirent le trajet de la mort jusqu'à l'emplacement des fours crématoires, priant en silence en mémoire des victimes de la Shoah et des millions de prisonniers exterminés par le nazisme. Certains chefs religieux musulmans présents, à leur retour dans leurs pays, en parlèrent. Trois mois après ce temps de prière à Varsovie, le mur de Berlin tombait.

Une nouvelle ère s'ouvrait alors dans l'histoire de l'humanité. Les équilibres changèrent, mais de nouveaux conflits éclatèrent. Sur le plan des religions se produisait un fait imprévu : celles-ci revenaient sur la scène publique, mais présentaient une résistance variable à l'érosion de la sécularisation. La globalisation introduisait une redéfinition de toutes les identités – nationales, ethniques, religieuses, locales – qui obligeait les religions elles-mêmes à redéfinir leur nouveau rôle. Le grand problème qui se posait – que l'on pense au débat sur le fondamentalisme – était la direction dans laquelle allaient les religions s'engager. Le monde contemporain était loin d'être homogène sur le plan religieux, et la coexistence était problématique dans bien des parties du monde. Il n'était et il n'est encore pas toujours facile de vivre ensemble. La vie quotidienne les uns à côté des autres posait de nouvelles questions sur le sens de l'altérité et sur la gestion des rapports concrets entre les hommes, alors que dans certaines parties du monde la situation tendue semblait confirmer la réalité d'un conflit de religion et de civilisation. Jean-Paul II eut l'intuition de ce phénomène et, avec la rencontre d'Assise, instaura à l'intérieur du monde des religions un esprit nouveau et providentiel. La rencontre entre les religions ne devenait pas seulement une question intrareligieuse mais planétaire, jusqu'à devenir un facteur de paix.

La rencontre de Bari en 1990 coïncida avec la crise du Golfe. Les représentants des religions initièrent une réflexion sur les responsabilités face à la nouvelle situation du monde. La prise de conscience de la communauté religieuse devant les nouveaux scénarios qui s'esquissaient conduisit, lors de la rencontre de Malte de l'année suivante, à l'idée que, dans l'ordre international inédit et plus confus, nombreux étaient ceux qui pouvaient provoquer un conflit armé, mais – en même temps – tout aussi nombreux étaient ceux qui pouvaient contribuer à la paix. Les religions pouvaient et devaient être des artisans de paix, comme cela s'est produit par exemple, au cours de ces années, avec le processus de paix au Mozambique, promu par la Communauté Sant'Egidio. Mais la crise dans l'ex-Yougoslavie démontra malheureusement à quel point les religions pouvaient aussi aggraver les conflits.

C'est pourquoi s'accrut l'engagement des hommes de religion, qui participaient aux rencontres, visant à aider les peuples à se désengager de la violence et de la guerre. « La crise actuelle de la Yougoslavie, déclara-t-on dans l'appel final, n'est pas seulement un problème politique. C'est en outre un défi spirituel pour toute l'humanité... Aujourd'hui nous faisons appel en particulier aux communautés religieuses locales afin qu'elles soient des instruments de paix et de réconciliation et initient le processus de guérison souhaité à l'intérieur de la société ainsi divisée. » Malte, Milan, Jérusalem, Padoue, Florence, Palerme, Gênes, Venise, Aquisgrana, Barcelone, Lisbonne, Lyon, Washington, Naples ont été d'autres étapes significatives de ce pèlerinage qui continue chaque année à rassembler des hommes et des femmes qui prient pour la paix. Andrea Riccardi, à Lisbonne, en donnait une clef de lecture pour éviter toute équivoque et en saisir, au contraire, la profondeur réelle. « L'idée de la religion universelle... naît dans les salons... La prière des gens, celle qui jaillit de la souffrance, celle qui mûrit dans le désespoir, celle qui exprime la joie, suit des parcours séculaires. Les grandes traditions religieuses se sont chargées des invocations de millions de personnes, adressées non aux hommes, mais à Dieu. Les prières de millions de gens sont enracinées dans leur identité profonde... La différence ne nous décourage pas, mais représente la géographie spirituelle profonde du monde. La différence et le dialogue sont les guides pour élargir notre horizon au monde entier. Ce sont les voies pour trouver un sens dans une coexistence entre gens de religion diverse. Parce que le dialogue n'est pas un fait académique, mais devient une façon de vivre chaque jour pour des milliers de croyants. »

Lors de ces rencontres à la prière s'est ajouté un temps de réflexion et de débat, y compris avec des non-croyants. Cette innovation a aidé les participants à faire un « retour sur soi ». Nous pourrions dire que la foi et la raison ont commencé à dialoguer plus étroitement non pas au moyen de théories abstraites, mais au moyen d'un approfondissement de la vie et de son sens. Croyants et non-croyants se sont retrouvés ensemble par conséquent non seulement pour promouvoir la paix, mais encore pour descendre au plus profond de leurs convictions afin de convertir les cœurs à la paix. On pourrait parler d'une spiritualité de la paix qui a conduit par ailleurs à élargir les horizons de la réflexion et de l'engagement. Face à la condition nouvelle du monde, les uns et les autres se sont sentis appelés à approfondir leurs relations par un engagement commun face aux nouvelles frontières qui se sont dressées au tournant du millénaire : non seulement la globalisation avec toutes les conséquences qu'elle a apportées, mais encore les questions relatives au sens de la vie, à la liberté réelle, à la valeur des droits de l'homme, à la vraie démocratie, à la grave question de l'homme au centre de la culture contemporaine, etc.

On a noté la nécessité d'un sursaut de foi et de raison pour affronter ces questions cruciales. Il faut éviter toute superstition et toute idolâtrie, il faut fuir le nihilisme et le fondamentalisme, qui sont tous deux des pathologies soit de la raison soit de la foi, pour pratiquer la vie intérieure et défendre la paix. Dans cette transformation profonde de l'homme, les religions ont une tâche extraordinaire à accomplir. Pietro

Rossano qui, dès la première heure, a été un participant passionné de ce pèlerinage, en a indiqué la raison lors de la rencontre de Bari : « Il s'agit d'une force spirituelle qui vise à transformer l'homme de l'intérieur et à le rendre juste et miséricordieux. C'est une force radicalement différente de celle des armes, ces armes que les hommes sont tentés d'engager contre leurs frères depuis les origines de l'histoire. »

Annonce de l'Évangile et dialogue

Jean-Paul II, surtout à travers l'application concrète de l'« esprit d'Assise », devint le leader religieux le plus écouté au monde et exerça une sorte de primauté spirituelle sur toutes les religions. À la fin de sa vie, il écrivait, comme s'il voulait tracer une synthèse de son pontificat : « Durant tout mon pontificat, ma préoccupation constante a été celle d'accomplir cette double mission de proclamation et de dialogue. Au cours de mes visites pastorales dans le monde entier, j'ai cherché à encourager et à confirmer la foi des catholiques, mais aussi des autres chrétiens. En même temps, j'ai été heureux de rencontrer les chefs de toutes les religions dans l'espoir de promouvoir une plus grande compréhension et coopération interreligieuse pour le bien de la famille humaine. » Il s'agit d'une double et indivisible voie que Jean-Paul II a toujours parcourue et qui correspond au couple tout aussi indissociable formé par la vérité et la charité. Il savait que la rencontre avec les autres religions était importante, y compris pour la vie de l'Église : « Les autres religions constituent un défi positif pour l'Église : ils l'incitent en effet soit à découvrir et à reconnaître les signes de la présence du Christ et de l'action de l'Esprit, soit à approfondir sa propre identité et à témoigner de l'intégrité de la Révélation dont elle est la dépositaire pour le bien de tous. »

Pour conclure, je voudrais relier l'image de ses funérailles sur la place Saint-Pierre à la vision d'Assise et au rêve décrit par le cardinal Nicolas de Cues dans son traité *De pace fidei*. Le cardinal, interpellé en raison de sa participation à la croisade contre l'islam après la conquête de Constantinople par Mahomet II, répondit par son traité sur la paix pour « apaiser la folie de la colère et aider la vérité à se manifester ». Il imagine un homme qui, face à la guerre imminente, prie « sans répit le Créateur de mettre fin à la persécution qui sévit à cause de la diversité des rites religieux », montrant ainsi le lien étroit qui existe entre la paix religieuse et la paix dans le monde. Cet homme a donc eu une vision : celle d'un concile céleste comportant diverses séances où se succèdent dix-sept représentants des diverses nations et religions (juifs, chrétiens et musulmans) qui débattent sur les différents thèmes proposés.

Au terme des discussions, note le cardinal, les « savants des nations, guidés par le *Logos* divin, reconnurent que, dans l'Église représentée par Pierre, les désirs religieux pouvaient être satisfaits… et découvrirent que toutes les divergences concernaient les rites plutôt que le culte du Dieu unique ; de leur confrontation, il résulta aussi que le Dieu unique avait été présupposé depuis toujours et vénéré sous toutes les formes religieuses, bien que le peuple simple ne s'en rendît pas toujours compte, entravé qu'il était par le pouvoir adverse du prince des ténèbres ». Ces savants, qui avaient tenu ce concile céleste devant le Trône de Dieu, vu leur unité fondamentale, sont donc invités à retourner dans leur pays pour demander aux responsables de leurs religions respectives, « de se rendre, avec pleins pouvoirs, à Jérusalem, centre de l'univers, pour accueillir au nom de tous les peuples l'unique foi et fonder sur elle une paix perpétuelle ».

Tel est le songe du cardinal Nicolas de Cues. Sur la place Saint-Pierre, le jour des funérailles de Jean-Paul II, ce songe se matérialise d'une certaine manière. Les représentants de toutes les Églises et Communautés chrétiennes, les responsables de toutes les autres religions mondiales, les autorités politiques de nombreux États et une grande foule, tous se recueillirent dans une commune vision de paix autour de ce cercueil simple portant un Évangile qui était effeuillé par le vent. C'est peut-être là le trésor le plus précieux que Wojtyla a remis à l'Église et à l'humanité entière du troisième millénaire. Il en avait déjà eu l'intuition lors de la rencontre d'Assise. Aujourd'hui encore le Logos continue à pousser les croyants et les hommes de bonne volonté à ce dialogue qui les conduit à découvrir Dieu comme Père de tous et à reconnaître les hommes comme frères de l'unique famille humaine.

Appendice

LES PAROLES DU PAPE

N'ayez pas peur[1] !

1. Homélie pour la messe solennelle d'intronisation du pape Jean-Paul II à Rome le 22 octobre 1978 [traduction www.vatican.va].

« *Tu es le Christ, le Fils du Dieu vivant* » (Mt 16, 16). Ces paroles, c'est Simon, fils de Jonas, qui les a prononcées dans la région de Césarée de Philippe. Oui, il les a exprimées dans sa propre langue, avec une conviction profondément enracinée dans les sentiments et dans la vie, mais ce n'est pas en lui qu'elles trouvaient leur source, leur origine : « ... *Car cette révélation t'est venue, non de la chair et du sang mais de mon Père qui est dans les cieux* » (Mt 16, 17). Ces paroles étaient celles de la foi. Elles marquent le commencement de la mission de Pierre dans l'histoire du salut, dans l'histoire du Peuple de Dieu. Depuis lors, à partir d'une telle profession de foi, l'histoire sainte du salut et du Peuple de Dieu devait acquérir une nouvelle dimension, s'exprimer dans la dimension historique de l'Église. Cette dimension ecclésiale de l'histoire du Peuple de Dieu tire en effet son origine de ces paroles de foi et est liée à l'homme qui les a prononcées : « *Tu es Pierre – le roc, la pierre –, et sur toi, comme sur une pierre, je construirai mon Église* » (*Mt* 16, 18).

Aujourd'hui et en ce lieu, il faut que de nouveau soient prononcées et écoutées les mêmes paroles : « *Tu es le Christ, le Fils du Dieu vivant.* » Oui, frères et fils, ces paroles avant tout. Leur contenu découvre à nos yeux le mystère du Dieu vivant, mystère que le Fils nous a rendu proche. Personne, en effet n'a rendu le Dieu vivant proche des hommes, personne ne l'a révélé comme lui-même l'a fait. Dans notre connaissance de Dieu, dans notre chemin vers Dieu, nous sommes totalement tributaires de la force de ces paroles : « *Qui me voit voit également le Père* » (*Jn* 14, 9). Celui qui est infini, impossible à scruter, impossible à exprimer, s'est fait proche de vous en Jésus-Christ le Fils unique né de la Vierge Marie dans l'étable de Bethléem. Vous tous qui avez déjà la chance inestimable de croire, vous tous qui encore cherchez Dieu, et vous aussi qui êtes tourmentés par le doute, veuillez accueillir encore une fois, aujourd'hui et en ce lieu sacré, les paroles prononcées par Simon Pierre. Ces paroles contiennent la foi de l'Église. Elles contiennent la vérité nouvelle bien plus, la vérité ultime et définitive sur l'homme : le fils du Dieu vivant. « *Tu es le Christ, le Fils du Dieu vivant !* »

[...]

Frères et sœurs, n'ayez pas peur d'accueillir le Christ et d'accepter son pouvoir ! Aidez le Pape et tous ceux qui veulent servir le Christ et, avec la puissance du Christ servir l'homme et l'humanité entière ! N'ayez pas peur ! Ouvrez, ouvrez toutes grandes les portes au Christ ! À sa puissance salvatrice ouvrez les frontières des États, les systèmes économiques et politiques, les immenses domaines de la culture, de la civilisation, du développement. N'ayez pas peur ! Le Christ sait « ce qu'il y a dans l'homme » ! Et lui seul le sait ! Aujourd'hui, si souvent l'homme ignore ce qu'il porte au-dedans de lui, dans les profondeurs de son esprit et de son cœur. Si souvent il est incertain du sens de sa vie sur cette terre. Il est envahi par le doute qui se transforme en désespoir. Permettez donc – je vous prie, je vous implore avec humilité et confiance, – permettez au Christ de parler à l'homme. Lui seul a les paroles de vie, oui, de vie éternelle! Aujourd'hui, justement, l'Église entière célèbre sa Journée missionnaire mondiale c'est-à-dire qu'elle prie, qu'elle médite, qu'elle agit pour que les paroles de vie du Christ parviennent à tous les hommes, et qu'ils les écoutent comme un message d'espérance, de salut, de libération totale.

Coopérateurs de paix, le cœur tourné vers l'unité de la famille humaine[1]

1. Discours de conclusion de la Journée pour la Paix (Assise, 27 octobre 1986).

Chers frères et sœurs,

Chefs et représentants des Églises chrétiennes et communautés ecclésiales, ainsi que des religions mondiales,

Chers amis,

1. Pour conclure cette Journée mondiale de la Paix, à laquelle vous avez pris part en venant de nombreuses parties du monde, acceptant avec bienveillance mon invitation, je voudrais exprimer mes sentiments comme un frère et un ami, mais également comme un croyant en Jésus Christ et, dans l'Église catholique, le premier témoin de la foi en Lui.

En lien avec la dernière prière, la prière chrétienne, dans la série que nous avons écoutée, je professe de nouveau ma conviction, partagée par tous les chrétiens, que c'est en Jésus Christ, qui est le Sauveur de tous, qu'il faut rechercher la vraie paix, paix à ceux qui sont loin et paix à ceux qui sont proches (cf. *Ep* 2, 17). Sa naissance fut saluée par le chant des anges : « Gloire à Dieu au plus haut de cieux et paix sur la terre pour les hommes, ses bien-aimés » (*Lc* 2, 14). Il a prédit l'amour entre tous, y compris entre les ennemis, et a proclamé heureux ceux qui font œuvre de paix (cf. *Mt* 5, 9) ; et par l'intermédiaire de la mort et de la résurrection, il a apporté la réconciliation entre le ciel et la terre (cf. *Col* 1, 20). Pour utiliser une expression de l'apôtre saint Paul : « C'est lui qui est notre paix » (*Ep* 2,14).

La voix universelle de la conscience

2. C'est ma conviction de foi qui m'a fait me tourner vers vous, représentants des Églises chrétiennes et des Communautés ecclésiales, ainsi que des religions mondiales, dans un esprit de profond amour et respect. Avec les autres chrétiens, nous partageons de nombreuses convictions, particulièrement en ce qui concerne la paix.

Avec les religions mondiales, nous partageons un respect commun et une obéissance commune envers la conscience qui nous enseigne tous à chercher la vérité, à aimer et à servir tous les individus et tous les peuples, et par conséquent à faire la paix entre les individus et entre les nations. Oui, nous sommes tous sensibles et obéissants à la voix de la conscience qui nous appelle à être un élément essentiel sur la route vers un monde meilleur et pacifique. Pourrait-il en être autrement puisque tous les hommes et les femmes en ce monde ont une nature commune, une origine commune et une destinée commune ?

Même s'il y a de nombreuses et importantes différences entre nous, il y a aussi un substrat commun à partir duquel il convient d'œuvrer à la solution de ce dramatique défi de notre époque : une vraie paix ou une guerre catastrophique ?

3. Oui, c'est la dimension de la prière qui, malgré la réelle diversité des religions, cherche à exprimer une communication avec une Puissance qui est au-dessus de toutes nos forces humaines. La paix dépend fondamentalement de cette Puissance que nous appelons Dieu et qui, comme nous chrétiens le croyons, s'est révélée en Christ. Telle est la signification de cette journée de prière.

Pour la première fois dans l'histoire, nous sommes réunis de toutes provenances, Églises chrétiennes et Communautés ecclésiales, ainsi que religions du monde, dans ce lieu sacré dédié à saint François, pour témoigner devant le monde, chacun selon sa propre conviction, de la qualité transcendante de la paix. La forme et le contenu de nos prières sont très différents, comme nous l'avons vu, et il n'est pas possible de les réduire à un dénominateur commun.

Dieu, source de la paix

4. Pourtant dans cette même différence, nous avons découvert à nouveau peut-être que, pour ce qui concerne le problème de la paix et ses relations avec l'engagement religieux, il y a quelque chose qui nous unit. Le défi de la paix, comme il se pose aujourd'hui à chaque conscience, comporte le problème d'une raisonnable qualité de vie pour tous, de la survie de l'humanité, le problème de la vie et de la mort.

Face à ce problème, deux choses semblent avoir une suprême importance, et l'une et l'autre sont communes à nous tous. La première, comme je viens de le dire, est l'impératif intérieur de la conscience morale qui nous commande de respecter, protéger et promouvoir la vie humaine, depuis le sein maternel jusqu'au lit de mort, en faveur des individus et des peuples, mais spécialement en faveur des faibles, des pauvres, des abandonnés: l'impératif de surmonter l'égoïsme, la cupidité et l'esprit de vengeance.

La seconde chose commune est la conviction que la paix va bien au-delà des efforts humains, surtout dans la situation actuelle du monde, et que par conséquent sa source et sa réalisation doivent être recherchées dans cette Réalité qui est au-delà de nous tous. C'est la raison pour laquelle chacun de nous prie pour la paix. Même si nous pensons – et nous le pensons réellement – que la relation entre cette Réalité et le don de la paix est différente, suivant nos différentes convictions religieuses, nous affirmons cependant tous qu'une telle relation existe. C'est ce que nous exprimons en priant pour la paix. Je répète humblement ici ma conviction: la paix porte le nom de Jésus Christ.

Appels à la conversion

5. En même temps et dans le même esprit, je suis prêt à reconnaître que les catholiques n'ont pas toujours été fidèles à cette affirmation de foi. Nous n'avons pas toujours été des constructeurs de paix. Pour nous-mêmes par conséquent, mais peut-être aussi en un certain sens pour tous, cette rencontre d'Assise est un acte de pénitence. Nous avons prié, chacun à sa manière, nous avons jeûné, nous avons marché ensemble. De cette façon, nous avons cherché à ouvrir notre cœur à la réalité divine, au-delà de

nous-mêmes, et à nos semblables, hommes et femmes. Oui, pendant que nous avons jeûné, nous avons tenu présentes à l'esprit les souffrances que des guerres insensées ont apporté et apportent encore à l'humanité. Pour cela, nous avons cherché à être spirituellement proches des millions de personnes qui sont victimes de la faim dans le monde entier.

Pendant que nous marchions en silence, nous avons réfléchi sur le chemin que l'humanité parcourt, soit dans l'hostilité si nous manquons de nous accepter mutuellement dans l'amour, soit en accomplissant un voyage commun vers notre haute destinée si nous comprenons que les autres sont nos frères et sœurs. Le fait même que nous soyons venus à Assise de diverses parties du monde est en lui-même un signe de ce chemin commun que l'humanité est appelée à parcourir ; soit nous apprenons à cheminer ensemble dans la paix et l'harmonie, soit nous nous tenons à l'écart de cette expérience et nous nous détruisions nous-mêmes et les autres. Espérons que ce pèlerinage à Assise nous aura enseigné de nouveau à être conscients de l'origine commune et du destin commun de l'humanité. Cherchons à voir en cela une anticipation de ce que Dieu voudrait que fût le développement historique de l'humanité : un voyage fraternel dans lequel nous nous accompagnons les uns les autres vers le but transcendant qu'Il établit pour nous.

Un chantier ouvert à tous

6. Prière, jeûne, pèlerinage. Cette journée nous a aidés à devenir plus conscients de nos engagements

religieux. Mais elle a également rendu le monde, qui nous a suivis à travers les médias, plus conscient de la responsabilité de chaque religion à l'égard de la guerre et de la paix. Peut-être jamais comme maintenant, dans l'histoire de l'humanité, est devenu évident pour tous le lien intrinsèque qui existe entre une attitude authentiquement religieuse et le grand bien de la paix. Quel poids terrible à porter sur les épaules de l'homme! Mais en même temps, quel merveilleux et enthousiasmant appel à suivre.

La prière est déjà en elle-même action, mais ceci ne nous dispense pas des actions au service de la paix. Ici nous agissons comme les messagers de la conscience morale de l'humanité comme telle, humanité qui aspire à la paix, qui a besoin de la paix.

7. Il n'y a pas de paix sans un amour passionné pour la paix. Il n'y a pas de paix sans une volonté indomptable pour arriver à la paix. La paix attend ses prophètes. Ensemble nous avons rempli nos regards de visions de paix: celles-ci libèrent des énergies pour un nouveau langage de paix, pour de nouveaux gestes de paix, des gestes qui briseront les chaînes fatales des divisions héritées de l'histoire et engendrées par les idéologies modernes. La paix attend ses artisans. Tendons nos mains vers nos frères et sœurs pour les encourager à construire la paix sur les quatre piliers de la vérité, de la justice, de l'amour et de la liberté (cf. Jean XXIII, *Pacem in terris*).

La paix est un chantier, ouvert à tous et pas seulement aux spécialistes, aux savants et aux stratèges. La paix est une responsabilité universelle: elle passe à travers mille petits actes de la vie quotidienne. Selon leur manière quotidienne de vivre avec les autres, les hommes choisissent ou no la paix. Nous confions la cause de la paix spécialement aux jeunes. Puissent les jeunes contribuer à libérer l'histoire des fausses routes dans lesquelles s'égare l'humanité.

La paix est entre les mains non seulement des individus, mais encore des nations. Aux nations revient l'honneur de fonder leur activité en faveur de la paix sur la conviction du caractère sacré de la vie humaine et sur la reconnaissance de l'égalité indélébile de tous les peuples entre eux. Nous invitons avec insistance les responsables des nations et des organisations internationales à œuvrer infatigablement à l'introduction de structures de dialogue partout où la paix est en danger ou est déjà compromise. Nous offrons notre soutien à leurs efforts souvent épuisants en vue de maintenir ou rétablir la paix. Nous renouvelons nos encouragements à l'ONU afin qu'elle puisse satisfaire pleinement à l'ampleur et à la hauteur de sa mission universelle de paix.

L'appel aux belligérants

8. En réponse à l'appel que j'ai lancé à Lyon, en France, le jour où les catholiques célèbrent la fête de saint François, nous espérons que les armes vont se taire et que les attaques vont cesser. Ceci pourrait être un premier résultat significatif de l'efficacité spirituelle de la prière. En réalité, cet appel a été accueilli favorablement par beaucoup de cœurs et beaucoup de lèvres dans toutes les parties du monde,

spécialement là où les gens souffrent de la guerre et de ses conséquences.

Il est essentiel de choisir la paix et les moyens pour l'obtenir. La paix, de santé si fragile, demande un soin constant et intensif. Sur ce chemin, nous pourrons avancer à pas sûrs et rapides, puisqu'il est hors de doute que les hommes n'ont jamais disposé d'autant de moyens qu'aujourd'hui pour construire la paix. L'humanité est entrée dans une ère de solidarité accrue et d'aspiration à la justice sociale. Ceci est l'occasion propice. Et c'est aussi notre tâche que la prière nous aide à affronter.

9. Ce que nous avons fait aujourd'hui à Assise, en priant et en témoignant en faveur de notre engagement pour la paix, nous devons continuer à le faire chaque jour de notre vie. Ce que nous avons fait aujourd'hui, en effet, est d'une importance vitale pour le monde. Si le monde doit continuer à exister, et si les hommes et les femmes doivent survivre dans celui-ci, il ne peut se passer de la prière.

La leçon de saint François

Telle est la leçon permanente d'Assise ; c'est la leçon de saint François qui a incarné un idéal attrayant pour nous ; c'est la leçon de sainte Claire, sa première disciple. C'est un idéal fait de douceur, d'humilité, de sens profond de Dieu et d'engagement au service de tous. Saint François était un homme de paix. Rappelons qu'il abandonna la carrière militaire qu'il avait suivie pendant un certain temps durant sa jeunesse, et qu'il découvrit la valeur de la pauvreté, la valeur de la vie simple et austère, dans l'imitation de Jésus Christ qu'il entendait servir. Sainte Claire fut, par excellence, la femme de la prière. Son union à Dieu dans la prière soutenait François et ses disciples, comme elle nous soutient aujourd'hui. François et Claire sont des exemples de paix : avec Dieu, avec soi-même, avec tous les hommes et les femmes en ce monde. Puissent ce saint homme et cette sainte femme encourager tous les hommes et toutes les femmes d'aujourd'hui à avoir la même force de caractère et le même amour de Dieu et de leurs frères, afin de continuer à marcher sur le chemin que nous devons emprunter ensemble.

10. Stimulés par l'exemple de saint François et de sainte Claire, véritables disciples du Christ, et convaincus par l'expérience de cette journée que nous avons vécue ensemble, nous nous engageons à réexaminer nos consciences, à écouter plus fidèlement leurs voix, à purifier nos esprits en éliminant les préjugés, la haine, l'inimitié, la jalousie et l'envie. Nous chercherons à être des opérateurs de paix dans la pensée et dans l'action, avec le cœur et l'esprit tournés vers l'unité de la famille humaine. Et nous invitons tous nos frères et sœurs qui nous écoutent à faire de même.

Nous le faisons en pleine connaissance de nos limites humaines et conscients du fait que, laissés à nous-mêmes, nous faillirons. Nous réaffirmons donc et nous reconnaissons que notre vie et notre paix future dépendent toujours d'un don que Dieu nous fait.

Une humble prière faite à Dieu

Dans cet esprit, nous invitons les leaders mondiaux à prendre acte de notre humble prière faite à Dieu en faveur de la paix. Mais nous leur demandons aussi de reconnaître leur responsabilité et de se consacrer avec un engagement renouvelé à la tâche de la paix, de mettre en acte les stratégies de la paix avec courage et clairvoyance.

11. Permettez-moi maintenant de me tourner vers chacun d'entre vous, représentants des Églises chrétiennes et des Communautés ecclésiales, ainsi que des religions du monde, qui êtes venus à Assise pour cette journée de prière, de jeûne et de pèlerinage. Je vous remercie à nouveau d'avoir accepté mon invitation à venir ici pour cet acte de témoignage devant le monde. J'exprime aussi ma reconnaissance à tous ceux qui ont rendu possible notre présence ici, en particulier à nos frères et sœurs d'Assise.

Et avant tout, je rends grâce à Dieu, Père de Jésus Christ, pour ce jour de grâce pour le monde, pour chacun de vous et pour moi-même. Je le fais en invoquant la Vierge Marie, Reine de la Paix. Je le fais avec les paroles de la prière qui est communément attribuée à saint François parce qu'elle en reflète bien l'esprit :

> Seigneur, fais de moi un instrument de ta paix :
> là où est la haine, que j'apporte l'amour,
> là où est l'offense, que j'apporte le pardon,
> là où est la discorde, que j'apporte l'union,
> là où est le doute, que j'apporte la foi,
> là où est l'erreur, que j'apporte la vérité,
> à où est le désespoir, que j'apporte l'espérance,
> là où est la tristesse, que j'apporte la joie,

là où sont les ténèbres, que j'apporte la lumière.
Ô Seigneur, fais que je ne cherche pas tant :
à être consolé qu'à consoler,
à être compris qu'à comprendre,
à être aimé qu'à aimer :
car c'est en donnant que l'on reçoit,
c'est en pardonnant que l'on est pardonné,
c'est en mourant que l'on ressuscite à la vie éternelle.

Table

Achevé d'imprimer en France
le 16 avril 2010
sur les presses de

52200 Langres - Saints-Geosmes
Dépôt légal : avril 2010 - N° d'imprimeur : 8471

Composition et mise en pages réalisées par
Sud Compo - 66140 - Canet-en-Roussillon
560/2010

Pour être informé des publications
des Éditions Parole et Silence et recevoir notre catalogue,
envoyez vos coordonnées à :

Éditions Parole et Silence
10, rue Mercœur
F - 75011 Paris

ou

Le Muveran
CH - 1880 Les Plans sur Bex

paroleetsilence@omedia.ch

-------------✂---

Nom : . . . .
Prénom : . . . .
Adresse : . . . .
. . . .
Code postal : . . . .
Ville : . . . .
E-mail : . . . .
Téléphone : . . . .
Fax : . . . .

Je souhaite être informé(e) des publications
des Éditions Parole et Silence.

N'AYEZ PAS PEUR !